AUTORITÉ INTERNATIONALE DES FONDS MARINS : DOCUMENTS FONDAMENTAUX

Deuxième édition

Autorité internationale des fonds marins
Kingston, Jamaïque, 2012

Publié à la Jamaïque en 2012 par
l'Autorité internationale des fonds marins

© Autorité internationale des fonds marins, 2012

National Library of Jamaica Cataloguing-in-Publication Data

Autorité internationale des fonds marins
    Autorité internationale des fonds marins : documents fondamentaux.- 2e édition
      p.; cm

    ISBN 978-976-8241-06-1

    1.   International Seabed Authority 2. Maritime Law
    3.   Access to the sea (International Law)
    I.   Title
    341.450262 dc 22

Illustration de couverture : Errol Stennett

INTRODUCTION

La présente deuxième édition du Recueil de textes fondamentaux de l'Autorité internationale des fonds marins contient le texte intégral des règlements intérieurs ou règles de fonctionnement des divers organes et organismes de l'Autorité, ainsi que les décisions pertinentes de ces organes concernant leur fonctionnement et les décisions et documents relatifs aux relations extérieures de l'Autorité. Cette deuxième édition a été mise à jour pour inclure l'Accord complémentaire entre l'Autorité internationale des fonds marins et le Gouvernement de la Jamaïque, signé en 2003. Depuis la parution de la première édition, l'Autorité a en outre conclu avec des organisations intergouvernementales et non gouvernementales un certain nombre d'accords de coopération dont les textes sont également inclus dans la présente édition.

L'Autorité internationale des fonds marins a été créée le 16 novembre 1994, date de l'entrée en vigueur de la Convention des Nations Unies sur le droit de la mer du 10 décembre 1982. Comme il est spécifié dans la partie XI de la Convention de 1982 et dans l'Accord de 1994, elle est l'organe par lequel les États parties à la Convention organisent et contrôlent l'exploration et l'exploitation des ressources minérales des fonds marins au-delà des limites de la juridiction nationale. Au cours des premières années, les membres de l'Autorité et le Secrétariat se sont principalement employés à prendre les décisions pratiques nécessaires au bon fonctionnement de l'Autorité, en tant qu'organisation internationale autonome du système des Nations Unies, et notamment à élire les membres des divers organes et organismes de l'Autorité, à adopter le Règlement intérieur de ces organes et organismes, à adopter le Règlement financier, à conclure un accord de siège et un protocole sur les privilèges et immunités, ainsi qu'à approuver le sceau officiel, le drapeau et l'emblème de l'Autorité. L'organisation de l'Autorité étant achevée, le moment est venu de rassembler en un seul volume les documents pertinents relatifs à ces décisions.

Le présent volume complète *The Law of the Sea: Compendium of Basic Documents*, publié par l'Autorité en 2001. Ce volume comprend, outre le texte intégral de la Convention de 1982, de ses neuf annexes et des résolutions connexes, une version synthétique de la partie XI de la Convention de 1982 et le texte de l'Annexe de l'Accord relatif à l'application de la partie XI de la Convention des Nations Unies sur le droit de la mer du 10 décembre 1982, adoptée le 28 juillet 1994, ainsi que celui du Règlement relatif à la prospection et à l'exploration des nodules polymétalliques, approuvé par l'Assemblée de l'Autorité en juillet 2000.

Note sur la documentation

Chaque section de ce Recueil contient un bref commentaire précisant l'origine de l'instrument ou de la décision concernés, ainsi qu'une liste de documents de base, y compris les documents de travail pertinents et les documents de la Commission préparatoire de l'Autorité internationale des fonds marins et du Tribunal international du droit de la mer.

Les documents de la Commission préparatoire n'ont été publiés que sous forme ronéotypée (cote LOS/PCN/-), mais la plupart des documents pertinents figurent dans les deux rapports finals de la Commission préparatoire, publiés respectivement sous les cotes LOS/PCN/152 (4 volumes) pour le Tribunal international du droit de la mer et LOS/PCN/153 (13 volumes) pour l'Autorité internationale des fonds marins et l'application de la résolution II de la troisième Conférence des Nations Unies sur le droit de la mer. Les documents concernant la période 1983-1991, y compris les documents informels, sont aussi reproduits dans R. Platzöder (éd.), *The Law of the Sea: Documents 1983-1991* (13 volumes).

Les documents officiels de l'Autorité portent la cote « ISBA ». Ceux de l'Assemblée et du Conseil portent respectivement la cote A et la cote C. Ils sont publiés sous la forme de documents principaux portant la cote -/1, ou de documents à distribution limitée -/L.1, ou de documents de travail -/WP.1, ou encore de documents d'information -/INF.1. Tous les documents indiquent la session à laquelle ils se rapportent (par exemple ISBA/3/A/1), à l'exception des documents des première et deuxième sessions (par exemple ISBA/A/1). Les documents de la Commission juridique et technique et de la Commission des finances portent respectivement la cote ISBA/LTC et ISBA/F ou FC.

Il n'existe pas de procès-verbaux ou de comptes rendus des réunions de l'Autorité. Des enregistrements sonores sont effectués et conservés. Le compte rendu des réunions des organes de l'Autorité est reflété dans les communiqués de presse, mais ces derniers ne sont pas des documents officiels et ne sont pas forcément précis. Le compte rendu officiel des travaux de l'Autorité figure dans les déclarations des Présidents de l'Assemblée et du Conseil, et dans le rapport annuel du Secrétaire général.

L'Autorité internationale des fonds marins publie chaque année un recueil de décisions et documents de chaque session (désigné comme la *Sélection de décisions 1/2/3* etc.). Chaque volume contient un index des principaux documents de l'Assemblée et du Conseil. Périodiquement, la *Sélection de décisions* contient un index global de ces documents.

TABLE DES MATIÈRES

I – ORGANISATION INTERNE DE L'AUTORITÉ INTERNATIONALE DES FONDS MARINS

A – RÈGLES DE FONCTIONNEMENT DES ORGANES DE L'AUTORITÉ INTERNATIONALE DES FONDS MARINS

RÈGLEMENT INTÉRIEUR DE L'ASSEMBLÉE DE L'AUTORITÉ INTERNATIONALE DES FONDS MARINS

Table des matières

NOTE LIMINAIRE

Le 28 juillet 1994, l'Assemblée générale des Nations Unies a adopté l'Accord relatif à l'application de la partie XI de la Convention des Nations Unies sur le droit de la mer, et cet accord est appliqué à titre provisoire depuis le 16 novembre 1994.

Aux termes de cet accord, ses dispositions et la partie XI de la Convention doivent être interprétées et appliquées ensemble comme un seul et même instrument; le présent règlement et les références à la Convention qui y figurent doivent être interprétés et appliqués en conséquence.

I. SESSIONS

SESSIONS ORDINAIRES

Sessions ordinaires annuelles

Article premier

L'Assemblée se réunit en session ordinaire tous les ans à moins qu'elle n'en décide autrement.

Date d'ouverture et durée

Article 2

La date d'ouverture et la durée de chacune de ces sessions sont décidées par l'Assemblée lors de la session précédente.

Notification aux membres

Article 3

Les membres de l'Autorité sont avisés par le Secrétaire général, au moins 60 jours par avance, de l'ouverture d'une session ordinaire.

SESSIONS EXTRAORDINAIRES

Convocation de sessions extraordinaires

Article 4

1.   L'Assemblée peut convoquer des sessions extraordinaires et fixe la date d'ouverture et la durée de chacune de ces sessions.

2.   À la demande du Conseil ou d'une majorité des membres de l'Autorité, le Secrétaire général convoque une session extraordinaire de l'Assemblée qui se réunit 30 jours au plus tôt et 90 jours au plus tard après la date de la réception de ladite demande, à moins que celle-ci ne spécifie d'autres dates.

3.   Tout membre de l'Autorité peut demander au Secrétaire général de convoquer l'Assemblée en session extraordinaire. Le Secrétaire général informe

immédiatement de cette demande les autres membres de l'Autorité et s'enquiert si celle-ci rencontre leur agrément. Si, dans les 30 jours qui suivent la date de la communication du Secrétaire général, la majorité des membres de l'Assemblée a donné son agrément, l'Assemblée est convoquée en session extraordinaire par le Secrétaire général et se réunit 30 jours au plus tôt et 90 jours au plus tard après la date de la réception dudit agrément.

Notification aux membres

Article 5

Le Secrétaire général avise les membres de l'Assemblée de l'ouverture d'une session extraordinaire au moins 30 jours par avance.

SESSIONS ORDINAIRES ET EXTRAORDINAIRES

Lieu de réunion

Article 6

L'Assemblée se réunit au siège de l'Autorité à moins qu'elle n'en décide autrement.

Notification aux observateurs

Article 7

Un exemplaire de l'avis convoquant toute session de l'Assemblée est adressé aux observateurs visés à l'article 82.

Interruption temporaire d'une session

Article 8

L'Assemblée peut, à toute session, décider d'interrompre temporairement ses séances et de les reprendre à une date ultérieure. Les sessions ordinaires ne doivent pas, normalement, être ajournées à l'année suivante.

II. ORDRE DU JOUR

SESSIONS ORDINAIRES

Ordre du jour provisoire

Article 9

L'ordre du jour provisoire d'une session ordinaire est établi par le Secrétaire général et communiqué 60 jours au moins avant l'ouverture de la session aux membres de l'Assemblée et aux observateurs visés à l'article 82.

Établissement de l'ordre du jour provisoire

Article 10

L'ordre du jour provisoire d'une session ordinaire comporte :

a)   Le rapport du Secrétaire général sur l'activité de l'Autorité;

b)   Les rapports du Conseil et de l'Entreprise[1], et les rapports spéciaux demandés au Conseil ou à d'autres organes;

c)   Les questions que l'Assemblée, lors d'une session précédente, a décidé d'inscrire à son ordre du jour;

d)   Les questions proposées par le Conseil;

e)   Les questions proposées par un membre de l'Assemblée;

f)   Les questions relatives au budget de l'exercice suivant et le rapport sur les comptes de l'exercice écoulé;

g)   Les questions que le Secrétaire général juge nécessaire de soumettre à l'Assemblée.

Questions supplémentaires

Article 11

Tout membre de l'Assemblée, le Conseil ou le Secrétaire général peut, 30 jours au moins avant la date fixée pour l'ouverture d'une session ordinaire, demander l'inscription de questions supplémentaires à l'ordre du jour. Ces questions figurent sur une liste supplémentaire qui est communiquée, 20 jours au moins avant l'ouverture de la session, aux membres de l'Assemblée et aux observateurs visés à l'article 82.

Questions additionnelles

Article 12

Des questions additionnelles présentant un caractère d'importance et d'urgence, proposées pour inscription à l'ordre du jour moins de 30 jours avant l'ouverture d'une session ordinaire ou au cours d'une session ordinaire, peuvent y être ajoutées en vertu d'une décision prise par l'Assemblée à la majorité des membres présents et votants. Sauf décision contraire prise par l'Assemblée à la majorité des deux tiers des membres de l'Assemblée présents et votants, aucune question additionnelle ne peut être examinée avant qu'un délai de sept jours ne se soit écoulé à compter de son inscription à l'ordre du jour.

SESSIONS EXTRAORDINAIRES

Communication de l'ordre du jour provisoire

Article 13

L'ordre du jour provisoire d'une session extraordinaire est communiqué 14 jours au moins avant l'ouverture de la session aux membres de l'Assemblée et aux observateurs visés à l'article 82.

---

[1]   Voir la note 2.

Ordre du jour provisoire

Article 14

L'ordre du jour provisoire d'une session extraordinaire compte seulement les questions présentées pour examen dans la demande de convocation de la session extraordinaire.

Questions supplémentaires

Article 15

Tout membre de l'Assemblée, le Conseil ou le Secrétaire général peut, sept jours au moins avant la date fixée pour l'ouverture d'une session extraordinaire, demander l'inscription de questions supplémentaires à l'ordre du jour. Ces questions figurent sur une liste supplémentaire qui est communiquée aux membres de l'Assemblée et aux observateurs visés à l'article 82 aussitôt que possible.

Questions additionnelles

Article 16

Au cours d'une session extraordinaire, les questions figurant sur la liste supplémentaire et des questions additionnelles peuvent être ajoutées à l'ordre du jour par décision prise à la majorité des deux tiers des membres de l'Assemblée présents et votants.

SESSIONS ORDINAIRES ET EXTRAORDINAIRES

Mémoire explicatif

Article 17

Toute question proposée pour inscription à l'ordre du jour doit être accompagnée d'un mémoire explicatif et, dans la mesure du possible, de documents de base ou d'un projet de résolution.

Adoption de l'ordre du jour

Article 18

À chaque session, l'ordre du jour provisoire et la liste supplémentaire sont soumis à l'Assemblée pour approbation aussitôt que possible après l'ouverture de la session.

Modification et suppression de questions

Article 19

Les questions inscrites à l'ordre du jour peuvent être modifiées ou supprimées par une décision de l'Assemblée prise à la majorité des membres de l'Assemblée présents et votants.

Débats relatifs à l'inscription de questions

Article 20

Seuls trois représentants de membres de l'Assemblée pour et trois représentants de membres contre peuvent prendre la parole lors du débat sur l'inscription d'une question à l'ordre du jour. Le Président peut limiter la durée des interventions permises aux orateurs en vertu du présent article.

Modification de la répartition des dépenses

Article 21

Aucune proposition tendant à modifier la répartition des dépenses en vigueur n'est inscrite à l'ordre du jour si elle n'a pas été communiquée aux membres de l'Assemblée 90 jours au moins avant l'ouverture de la session.

III. REPRÉSENTATION

Représentation

Article 22

1.   Chaque membre de l'Assemblée est représenté par un représentant accrédité ainsi que par les représentants suppléants et les conseillers qu'il juge nécessaires.

2.   Les observateurs visés à l'article 82 sont représentés par des représentants accrédités ou par des représentants désignés par eux, selon le cas, ainsi que par les représentants suppléants et les conseillers qu'ils jugent nécessaires.

3.   Le représentant peut charger un représentant suppléant ou un conseiller désigné par lui d'agir en son nom.

IV. POUVOIRS

Présentation des pouvoirs

Article 23

Les pouvoirs des représentants et les noms des suppléants et des conseillers sont communiqués au Secrétaire général, si possible 24 heures au plus tard après l'ouverture de la session. Les pouvoirs doivent émaner soit du chef de l'État ou du chef du gouvernement, soit du ministre des affaires étrangères ou d'une personne mandatée par lui, soit encore, dans le cas d'entités visées au paragraphe 1, lettre f), de l'article 305 de la Convention des Nations Unies sur le droit de la mer, d'une autre autorité compétente.

Commission de vérification des pouvoirs

Article 24

Une Commission de vérification des pouvoirs est nommée au début de chaque session. Elle comprend neuf membres de l'Assemblée, nommés par l'Assemblée sur proposition du Président. La Commission élit son propre bureau. Elle examine les pouvoirs des représentants des membres et fait immédiatement rapport à l'Assemblée.

Participation provisoire à une session

Article 25

En attendant que l'Assemblée statue sur leurs pouvoirs, les représentants ont le droit de participer provisoirement aux travaux de l'Assemblée.

Contestation de la représentativité

Article 26

Toute contestation de la représentativité est examinée sans délai par la Commission de vérification des pouvoirs. Celle-ci fait immédiatement rapport de sa décision à l'Assemblée.

V. PRÉSIDENT ET VICE-PRÉSIDENTS

Président provisoire

Article 27

À l'ouverture de chaque session ordinaire de l'Assemblée, le Président de la session précédente ou, en son absence, le chef de la délégation à laquelle appartenait le Président de la session précédente assume la présidence jusqu'à ce que l'Assemblée ait élu le Président de la session.

Élections

Article 28

À l'ouverture de chaque session ordinaire, l'Assemblée élit son président et quatre vice-présidents de façon à assurer le caractère représentatif du Bureau. Ils restent en fonctions jusqu'à l'élection d'un nouveau bureau à la session ordinaire suivante.

Président par intérim

Article 29

Si le Président estime nécessaire de s'absenter pendant une séance ou une partie de séance, il désigne un des vice-présidents pour le remplacer.

Pouvoirs du Président par intérim

Article 30

Un Vice-Président agissant en qualité de Président a les mêmes pouvoirs et les mêmes devoirs que le Président.

Remplacement du Président

Article 31

Si le Président se trouve dans l'impossibilité de s'acquitter de ses fonctions, un nouveau Président est élu pour le reste de la durée de son mandat.

Pouvoirs généraux du Président

Article 32

Outre l'exercice des pouvoirs qui lui sont conférés en vertu d'autres dispositions du présent règlement ou en vertu de la Convention des Nations Unies sur le droit de la mer, le Président prononce l'ouverture et la clôture de chaque séance plénière de la session, dirige les discussions à ces séances, assure l'application du présent règlement, donne la parole, soumet les questions et proclame les décisions. Il statue sur les motions d'ordre et, sous réserve des dispositions du présent règlement, règle entièrement les débats à chaque séance et y assure le maintien de l'ordre. Le Président peut proposer à l'Assemblée, au cours de la discussion d'une question, la limitation du temps de parole, la limitation du nombre d'interventions de chaque représentant, la clôture de la liste des orateurs ou la clôture des débats. Il peut également proposer la suspension ou l'ajournement de la séance ou l'ajournement du débat sur la question en discussion.

Limitation des pouvoirs du Président

Article 33

Le Président, dans l'exercice de ses fonctions, demeure sous l'autorité de l'Assemblée.

Vote du Président et du Président par intérim

Article 34

Le Président, ou un vice-président agissant en qualité de président, ne prend pas part aux votes, mais désigne un autre membre de sa délégation pour voter à sa place.

VI. BUREAU

Article 35

Le Président et les Vice-Présidents constituent le Bureau, qui se réunit périodiquement au cours de chaque session pour examiner les progrès des travaux de l'Assemblée et de ses organes subsidiaires et pour formuler des recommandations tendant à favoriser ces progrès. Il se réunit également chaque fois que le Président le juge nécessaire ou à la demande d'un autre de ses membres. Le Bureau assiste le Président dans la conduite générale des travaux de l'Assemblée qui relèvent de la compétence du Président. Les présidents des organes subsidiaires de l'Assemblée peuvent être invités à participer aux réunions du Bureau.

VII. SECRÉTARIAT

Fonctions du Secrétaire général

Article 36

1. Le Secrétaire général agit en cette qualité à toutes les réunions de l'Assemblée et de ses organes subsidiaires. Il peut désigner un membre du Secrétariat pour le remplacer à ces réunions et s'acquitte des autres responsabilités qui lui sont confiées par l'Assemblée dans la conduite de ses débats.
2. Le Secrétaire général fournit et dirige le personnel nécessaire à l'Assemblée et à ses organes subsidiaires.

Fonctions du Secrétariat

Article 37

Le Secrétariat est chargé de recevoir, traduire, reproduire et distribuer les documents, rapports et résolutions de l'Assemblée et de ses organes subsidiaires; d'assurer l'interprétation des discours prononcés au cours des séances et, si l'Assemblée le décide conformément à l'article 42, de rédiger et de communiquer les comptes rendus de la session; de conserver de manière adéquate les documents dans les archives de l'Autorité; de distribuer tous les documents de l'Assemblée aux membres de l'Autorité et aux observateurs visés à l'article 82; et, d'une manière générale, d'assumer toutes autres tâches que l'Assemblée juge bon de lui confier.

Rapport du Secrétaire général sur l'activité de l'Autorité

Article 38

Le Secrétaire général présente à l'Assemblée, à sa session ordinaire, un rapport annuel et tous rapports supplémentaires jugés nécessaires sur l'activité de l'Autorité. Il communique, 45 jours au moins avant l'ouverture de la session ordinaire, le rapport annuel aux membres de l'Autorité et aux observateurs visés à l'article 82.

VIII. LANGUES

Langues

Article 39

L'anglais, l'arabe, le chinois, l'espagnol, le français et le russe sont les langues de l'Assemblée et de ses organes subsidiaires.

Interprétation

Article 40

1. Les interventions prononcées dans une langue de l'Assemblée sont interprétées dans les autres langues de l'Assemblée.
2. Tout représentant peut prendre la parole dans une langue autre qu'une langue de l'Assemblée. Dans ce cas, il assure l'interprétation dans l'une des langues

de l'Assemblée et les interprètes du Secrétariat peuvent prendre pour base de leurs interprétations dans les autres langues de l'Assemblée celle qui aura été faite dans la première langue de l'Assemblée utilisée.

Langues à utiliser pour les résolutions et autres documents

Article 41

Toutes les résolutions et tous les autres documents sont publiés dans les langues de l'Assemblée.

IX. COMPTES RENDUS

Comptes rendus et enregistrements sonores des séances

Article 42

1.   L'Assemblée peut faire établir des comptes rendus analytiques des séances plénières si elle en décide ainsi. En règle générale, ces comptes rendus sont aussi tôt que possible distribués simultanément dans toutes les langues de l'Assemblée à tous les représentants, qui informent le Secrétariat, dans un délai de cinq jours ouvrables à compter du jour de la distribution du compte rendu, de toute modification qu'ils désirent y voir apporter.

2.   Le Secrétariat établit et conserve des enregistrements sonores des séances de l'Assemblée, et de ses organes subsidiaires lorsqu'ils en décident ainsi.

X. SÉANCES PUBLIQUES ET PRIVÉES DE L'ASSEMBLÉE ET DE SES ORGANES SUBSIDIAIRES

Séances publiques et privées

Article 43

1.   Les séances de l'Assemblée sont publiques, à moins que l'Assemblée ne décide que des circonstances exceptionnelles exigent la tenue d'une séance privée.

2.   En règle générale, les séances des organes subsidiaires sont privées.

3.   Toutes les décisions de l'Assemblée prises en séance privée sont annoncées dès l'une des séances publiques suivantes de l'Assemblée. À la fin d'une séance privée d'un organe subsidiaire, le Président peut faire publier un communiqué par l'intermédiaire du Secrétaire général.

XI. MINUTE DE SILENCE CONSACRÉE À LA PRIÈRE OU À LA MÉDITATION

Invitation à observer une minute de silence pour la prière ou la méditation

Article 44

Immédiatement après l'ouverture de la première séance plénière et immédiatement avant la clôture de la dernière séance plénière de chaque session de l'Assemblée, le Président invite les représentants à observer une minute de silence consacrée à la prière ou à la méditation.

XII. SÉANCES PLÉNIÈRES

CONDUITE DES DÉBATS

Quorum

Article 45

Le Président peut déclarer la séance ouverte et permettre le déroulement du débat lorsque la majorité au moins des membres de l'Assemblée sont présents.

Discours

Article 46

Aucun représentant ne peut prendre la parole à l'Assemblée sans avoir, au préalable, obtenu l'autorisation du Président. Le Président donne la parole aux orateurs dans l'ordre où ils l'ont demandée. Le Président peut rappeler à l'ordre un orateur dont les remarques n'ont pas trait au sujet en discussion.

Tour de priorité

Article 47

Le Président d'un organe subsidiaire peut bénéficier d'un tour de priorité pour expliquer les conclusions de cet organe.

Déclarations du Secrétariat

Article 48

Le Secrétaire général, ou un membre du Secrétariat désigné par lui comme son représentant, peut, à tout moment, faire des déclarations orales ou écrites à l'Assemblée sur toute question soumise à l'examen de l'Assemblée.

Motions d'ordre

Article 49

Au cours de la discussion d'une question, un représentant d'un membre de l'Assemblée peut présenter une motion d'ordre et le Président statue immédiatement sur cette motion conformément au présent règlement. Tout représentant d'un membre de l'Assemblée peut en appeler de la décision du Président. L'appel est immédiatement mis aux voix et, si elle n'est pas annulée par la majorité des membres de l'Assemblée présents et votants, la décision du Président est maintenue. Un représentant qui présente une motion d'ordre ne peut, dans son intervention, traiter du fond de la question en discussion.

Limitation du temps de parole

Article 50

L'Assemblée peut limiter le temps de parole de chaque orateur et le nombre des interventions de chaque représentant sur toute question. Avant qu'une décision n'intervienne, deux représentants de membres de l'Assemblée peuvent prendre la parole en faveur d'une proposition tendant à fixer de telles limites, et deux contre. Lorsque les débats sont limités et qu'un représentant dépasse le temps qui lui est alloué, le Président le rappelle immédiatement à l'ordre.

Clôture de la liste des orateurs, droit de réponse

Article 51

Au cours d'un débat, le Président peut donner lecture de la liste des orateurs et, avec l'assentiment de l'Assemblée, déclarer cette liste close. Il peut cependant accorder le droit de réponse à tout représentant lorsqu'un discours prononcé après la clôture de la liste des orateurs rend cette décision opportune.

Ajournement du débat

Article 52

Au cours de la discussion d'une question, un représentant d'un membre de l'Assemblée peut demander l'ajournement du débat sur la question en discussion. Outre l'auteur de la motion, deux représentants de membres de l'Assemblée peuvent prendre la parole en faveur de l'ajournement, et deux contre, après quoi la motion est immédiatement mise aux voix. Le Président peut limiter la durée des interventions permises aux orateurs en vertu du présent article.

Clôture du débat

Article 53

À tout moment, un représentant d'un membre de l'Assemblée peut demander la clôture du débat sur la question en discussion, même si d'autres représentants ont manifesté le désir de prendre la parole. L'autorisation de prendre la parole au sujet de la motion n'est accordée qu'à deux représentants de membres de l'Assemblée opposés à la clôture, après quoi la motion est immédiatement mise aux voix. Si l'Assemblée approuve la motion, le Président prononce la clôture du débat. Le Président peut limiter la durée des interventions permises aux orateurs en vertu du présent article.

Suspension ou ajournement de la séance

Article 54

Au cours de la discussion d'une question, un représentant d'un membre de l'Assemblée peut demander la suspension ou l'ajournement de la séance. Les motions en ce sens ne sont pas discutées, mais sont immédiatement mises aux voix. Le Président peut limiter la durée de l'intervention de l'orateur qui propose la suspension ou l'ajournement de la séance.

Ordre des motions de procédure

Article 55

Sous réserve des dispositions de l'article 49, les motions suivantes ont priorité dans l'ordre indiqué ci-après, sur toutes les autres propositions ou motions présentées :

a)   Suspension de la séance;
b)   Ajournement de la séance;
c)   Ajournement du débat sur la question en discussion;
d)   Clôture du débat sur la question en discussion.

Propositions et amendements

Article 56

Les propositions et amendements sont normalement remis par écrit au Secrétaire général, qui en assure la distribution aux délégations. En règle générale, aucune proposition n'est discutée ni mise aux voix à une séance quelconque de l'Assemblée, si le texte n'en a pas été distribué à toutes les délégations dans les langues de l'Assemblée au plus tard la veille de la séance. Le Président peut cependant autoriser la discussion et l'examen d'amendements ou de motions de procédure même si ces amendements et motions n'ont pas été distribués ou ne l'ont été que le jour même.

Décision sur la compétence

Article 57

Sous réserve des dispositions de l'article 55, toute motion tendant à ce qu'il soit statué sur la compétence de l'Assemblée à adopter une proposition qui lui est présentée est mise aux voix avant le vote sur la proposition en cause.

Retrait des motions

Article 58

Une motion qui n'a pas encore été mise aux voix peut à tout moment être retirée par son auteur, à condition qu'elle n'ait pas fait l'objet d'un amendement. Une motion qui est ainsi retirée peut être présentée à nouveau par tout membre.

Nouvel examen des propositions

Article 59

Lorsqu'une proposition est adoptée ou rejetée, elle ne peut être examinée à nouveau au cours de la même session, sauf décision contraire de l'Assemblée prise à la majorité des deux tiers des membres de l'Assemblée présents et votants. L'autorisation de prendre la parole à l'occasion d'une motion tendant à un nouvel examen n'est accordée qu'à deux représentants de membres de l'Assemblée opposés à la motion, après quoi elle est immédiatement mise aux voix.

XIII. PRISE DES DÉCISIONS

Droit de vote

Article 60

Chaque membre de l'Assemblée a une voix. La participation d'entités visées au paragraphe 1, lettre f), de l'article 305 de la Convention des Nations Unies sur le droit de la mer à la prise des décisions se déroulera conformément aux dispositions de l'Annexe IX de la Convention.

Prise des décisions

Article 61

1. En règle générale, l'Assemblée s'efforce de prendre ses décisions par consensus.

2. Si tous les efforts pour aboutir à une décision par consensus ont été épuisés, les décisions mises aux voix à l'Assemblée sur les questions de procédure sont prises à la majorité des membres présents et votants, et celles sur les questions de fond à la majorité des deux tiers des membres présents et votants, comme prévu au paragraphe 8 de l'article 159 de la Convention.

3. Les décisions de l'Assemblée sur toute question qui relève également de la compétence du Conseil ou sur toute question administrative, budgétaire ou financière sont fondées sur les recommandations du Conseil. Si l'Assemblée n'accepte pas la recommandation du Conseil sur une question quelconque, elle renvoie celle-ci au Conseil pour un nouvel examen. Le Conseil réexamine la question à la lumière des vues exprimées par l'Assemblée.

4. Les décisions de l'Assemblée qui ont des incidences financières ou budgétaires sont fondées sur les recommandations de la Commission des finances.

Décisions sur les amendements à des propositions relatives à des questions de fond

Article 62

Les décisions de l'Assemblée sur les amendements à des propositions relatives à des questions de fond et sur les parties de telles propositions mises aux voix par division sont prises à la majorité des deux tiers des membres de l'Assemblée présents et votants, à condition que cette majorité comprenne la majorité des membres participant à la session.

Emploi des termes

Article 63

1. Aux fins du présent règlement, l'expression « membres présents et votants » s'entend des membres de l'Assemblée présents et votants pour ou contre. Les membres de l'Assemblée qui s'abstiennent de voter sont considérés comme non-votants.

2. Sous réserve des dispositions des articles 23 à 26 et sans préjudice des pouvoirs et des attributions de la Commission de vérification des pouvoirs,

l'expression « membres de l'Assemblée participant », s'agissant d'une session déterminée de l'Assemblée, s'entend des membres de l'Assemblée dont les représentants se sont inscrits auprès du Secrétariat comme participant à cette session et qui n'ont pas, par la suite, notifié au Secrétariat leur intention de se retirer de la totalité ou d'une partie de ladite session. Le Secrétariat tient un registre à cette fin.

Ajournement du vote sur les questions de fond sur le point d'être mises aux voix pour la première fois

Article 64

Lorsqu'une question de fond est sur le point d'être mise aux voix pour la première fois, le Président peut, et doit, si un cinquième au moins des membres de l'Assemblée en font la demande, ajourner la décision de recourir au vote sur cette question pendant un délai ne dépassant pas cinq jours civils. Cette règle ne peut s'appliquer qu'une seule fois à propos de la même question, et son application ne doit pas entraîner l'ajournement de questions au-delà de la clôture de la session.

Ajournement du vote en cas de demande d'avis consultatif

Article 65

Lorsque le Président est saisi par un quart au moins des membres de l'Assemblée d'une requête écrite tendant à ce que l'Assemblée demande un avis consultatif sur la conformité avec la Convention des Nations Unies sur le droit de la mer d'une proposition qui lui est soumise au sujet d'une question quelconque, l'Assemblée demande un avis consultatif à la Chambre pour le règlement des différends relatifs aux fonds marins du Tribunal international du droit de la mer. Le vote est reporté jusqu'à ce que la Chambre ait rendu son avis. Si celui-ci ne lui est pas parvenu avant la dernière semaine de la session au cours de laquelle il a été demandé, l'Assemblée décide quand elle se réunira pour voter sur la proposition ajournée.

Mode de votation

Article 66

1.   Lorsqu'elle ne dispose pas d'un dispositif électronique de vote, l'Assemblée vote normalement à main levée ou par assis et levé, mais un représentant de tout membre de l'Assemblée peut demander le vote par appel nominal. L'appel est fait dans l'ordre alphabétique anglais des noms des membres de l'Assemblée participant à la session, en commençant par le membre dont le nom est tiré au sort par le Président. Dans le vote par appel nominal, on appelle chaque membre de l'Assemblée et un de ses représentants répond « oui », « non » ou « abstention ». Les résultats du vote sont consignés au compte rendu, suivant l'ordre alphabétique anglais des noms des membres.

2.   Lorsque l'Assemblée vote à l'aide du dispositif électronique, un vote non enregistré remplace un vote à main levée ou par assis et levé et un vote

enregistré remplace un vote par appel nominal. Un représentant de tout membre de l'Assemblée peut demander un vote enregistré. Dans le cas d'un vote enregistré, il n'est pas procédé, à moins qu'un représentant d'un membre de l'Assemblée n'en fasse la demande, à l'appel des noms des membres; toutefois, les résultats du vote sont consignés au compte rendu de la même manière que les résultats d'un vote par appel nominal.

Règles à observer pendant le vote

Article 67

Lorsque le Président a annoncé que le vote est commencé, aucun représentant d'un membre de l'Assemblée ne peut interrompre le vote; toutefois, tout représentant d'un membre de l'Assemblée peut présenter pendant le vote une motion d'ordre ayant trait à la manière dont s'effectue le vote.

Explications de vote

Article 68

Les représentants des membres de l'Assemblée peuvent faire de brèves déclarations, à seule fin d'expliquer leur vote, avant le début du vote ou une fois le vote terminé. Le Président peut limiter la durée de ces interventions. Le représentant d'un membre de l'Assemblée qui est l'auteur d'une proposition ou d'une motion ne peut pas expliquer son vote sur celle-ci, sauf si elle a été modifiée.

Division des propositions et amendements

Article 69

Tout représentant d'un membre de l'Assemblée peut demander que des parties d'une proposition ou d'un amendement soient mises aux voix séparément. S'il est fait objection à la demande de division, la motion de division est mise aux voix. L'autorisation de prendre la parole au sujet de la motion de division n'est accordée qu'à deux orateurs pour et deux orateurs contre. Si la motion de division est acceptée, les parties de la proposition ou de l'amendement qui ont été adoptées sont ensuite mises aux voix en bloc. Si toutes les parties du dispositif d'une proposition ou d'un amendement ont été rejetées, la proposition ou l'amendement est considéré comme rejeté dans son ensemble.

Ordre du vote sur les amendements

Article 70

Lorsqu'une proposition fait l'objet d'un amendement, l'amendement est mis aux voix en premier lieu. Si une proposition fait l'objet de deux ou plusieurs amendements, l'Assemblée vote d'abord sur celui qui s'éloigne le plus, quant au fond, de la proposition originale. Elle vote ensuite sur l'amendement qui, après celui-ci, s'éloigne le plus de ladite proposition, et ainsi de suite jusqu'à ce que tous les amendements aient été mis aux voix. Toutefois, lorsque l'adoption d'un amendement implique nécessairement le rejet d'un autre amendement, ce dernier n'est pas mis aux voix. Si un ou plusieurs amendements sont adoptés, on vote ensuite sur la proposition modifiée. Une motion est considérée comme un amendement à une proposition si elle comporte simplement une addition, une suppression ou une modification intéressant une partie de ladite proposition.

Ordre du vote sur les propositions

Article 71

Si la même question fait l'objet de deux ou plusieurs propositions, l'Assemblée, à moins qu'elle n'en décide autrement, vote sur ces propositions selon l'ordre dans lequel elles ont été présentées. L'Assemblée peut, après chaque vote sur une proposition, décider si elle votera ou non sur la proposition suivante.

Élections

Article 72

Toutes les élections ont lieu au scrutin secret.

Scrutins non libres pour pourvoir un seul poste

Article 73

1.   Lorsqu'il s'agit d'élire une personne ou un membre de l'Assemblée et qu'aucun candidat ne recueille au premier tour la majorité des voix des membres de l'Assemblée présents et votants, on procède à un second tour de scrutin mais le vote ne porte plus que sur les deux candidats ayant obtenu le plus grand nombre de voix. Si les deux candidats recueillent le même nombre de voix à ce second tour, le Président décide entre les candidats en tirant au sort.

2.   S'il y a, au premier tour, partage égal des voix entre plus de deux candidats qui recueillent le plus grand nombre de voix, on procède à un second tour de scrutin. Si à ce tour, il y a de nouveau partage égal des voix entre plus de deux candidats, on réduit le nombre de candidats à deux en tirant au sort et le vote, qui ne porte plus que sur ces deux candidats, continue conformément aux dispositions du paragraphe précédent.

3.   Dans le cas où la majorité des deux tiers est requise, le scrutin continue jusqu'à ce qu'un des candidats recueille les deux tiers des suffrages exprimés; toutefois, après le troisième tour de scrutin non décisif, les membres ont le droit de voter pour toute personne ou tout membre éligible. Si trois tours de scrutin libre ne donnent pas de résultat, les trois scrutins suivants ne portent plus que sur les deux candidats ayant obtenu le plus grand nombre de voix au troisième tour de scrutin libre; les trois scrutins suivants sont libres, et ainsi de suite jusqu'à ce qu'une personne ou un membre de l'Assemblée soit élu.

4.   Les dispositions ci-dessus sont sans préjudice de l'application des articles 83, 84 et 96.

Scrutins non libres pour pourvoir deux ou plusieurs postes

Article 74

Quand deux ou plusieurs postes doivent être pourvus par voie d'élection en même temps et dans les mêmes conditions, les candidats qui, au premier tour, obtiennent la majorité requise sont élus, à concurrence du nombre des postes à pourvoir. Si le nombre de candidats obtenant cette majorité est inférieur au nombre des personnes ou des membres de l'Assemblée à élire, il est procédé à d'autres tours de scrutin afin de pourvoir les postes encore vacants, le vote ne portant que sur les candidats qui ont obtenu le plus grand nombre de suffrages au scrutin précédent et qui ne doivent pas être en nombre supérieur au double de celui des postes restant à pourvoir; toutefois, après le troisième tour de scrutin non décisif, les membres ont le droit de voter pour toute personne ou membre de l'Assemblée éligible. Si trois tours de scrutin libre ne donnent pas de résultat, les trois scrutins suivants ne portent plus que sur les candidats qui ont obtenu le plus grand nombre de voix au troisième tour de scrutin libre et qui ne doivent pas être en nombre supérieur au double de celui des postes restant à pourvoir; les trois scrutins suivants sont libres, et ainsi de suite jusqu'à ce que tous les postes aient été pourvus. Les dispositions ci-dessus sont sans préjudice de l'application des articles 83, 84 et 96.

Partage égal des voix lors d'un vote dont l'objet est autre qu'une élection

Article 75

En cas de partage égal des voix lors d'un vote dont l'objet est autre qu'une élection, on procède à un deuxième vote au cours d'une séance suivante qui se tient 48 heures au plus après le premier vote, et l'ordre du jour mentionne expressément que la question dont il s'agit fera l'objet d'un second vote. S'il y a encore partage égal des voix, la proposition est considérée comme rejetée.

XIV. ORGANES SUBSIDIAIRES

Création

Article 76

L'Assemblée peut créer les organes subsidiaires qu'elle juge nécessaires pour exercer ses fonctions.

Composition

Article 77

En ce qui concerne la composition des organes subsidiaires, il est dûment tenu compte du principe de la répartition géographique équitable des sièges, des intérêts particuliers et de la nécessité d'assurer à ces organes le concours de membres qualifiés et compétents dans les domaines techniques dont ils s'occupent.

Déclarations de non-membres d'un organe subsidiaire

Article 78

Tout membre de l'Assemblée qui n'est pas membre d'un organe subsidiaire et qui a fait une proposition a le droit, si aucun coauteur de la proposition n'est membre de cet organe, d'exposer son opinion devant cet organe lorsqu'une question le touchant tout particulièrement est examinée.

Bureau, conduite des débats et votes

Article 79

Les règles relatives aux membres du Bureau, à la conduite des débats et aux votes de l'Assemblée s'appliquent *mutatis mutandis* aux débats des organes subsidiaires; il est entendu toutefois que les présidents des organes subsidiaires peuvent prendre part au vote.

XV. SUSPENSION DE DROITS

Suspension du droit de vote

Article 80

Un membre de l'Assemblée en retard dans le paiement de ses contributions à l'Autorité ne peut participer aux votes si le montant de ses arriérés est égal ou supérieur aux contributions dues par lui pour les deux années complètes précédentes. L'Assemblée peut néanmoins autoriser ce membre de l'Assemblée à participer aux votes si elle constate que le manquement est dû à des circonstances indépendantes de sa volonté.

Suspension des droits et privilèges inhérents à la qualité de membre

Article 81

1.   L'Assemblée peut, sur recommandation du Conseil, suspendre les droits et privilèges inhérents à la qualité de membre de tout membre de l'Autorité qui a enfreint gravement et de façon persistante les dispositions de la partie XI de la Convention des Nations Unies sur le droit de la mer.

2.   Aucune décision ne peut être prise en vertu du paragraphe 1 tant que la Chambre pour le règlement des différends relatifs aux fonds marins du Tribunal international du droit de la mer n'a pas constaté que le membre de l'Autorité en cause a enfreint gravement et de façon persistante les dispositions de la partie XI de la Convention.

XVI. OBSERVATEURS

Article 82

1.   Peuvent participer aux travaux de l'Assemblée en tant qu'observateurs :

a)   Les États et les entités visés à l'article 305 de la Convention des Nations Unies sur le droit de la mer qui ne sont pas membres de l'Autorité;

b) Les mouvements de libération nationale qui sont reconnus, dans leur région, par l'Organisation de l'unité africaine ou par la Ligue des États arabes;

c) Les observateurs à la troisième Conférence des Nations Unies sur le droit de la mer qui ont signé l'Acte final et qui ne sont pas mentionnés au paragraphe 1, lettres c), d), e) et f), de l'article 305 de la Convention des Nations Unies sur le droit de la mer;

d) L'Organisation des Nations Unies, ses institutions spécialisées, l'Agence internationale de l'énergie atomique et d'autres organisations intergouvernementales invitées par l'Assemblée;

e) Les organisations non gouvernementales avec lesquelles le Secrétaire général a passé des accords conformément au paragraphe 1 de l'article 169 de la Convention des Nations Unies sur le droit de la mer et d'autres organisations non gouvernementales invitées par l'Assemblée qui ont manifesté leur intérêt pour les questions examinées par l'Assemblée.

2. Les observateurs visés au paragraphe 1, lettres a), b) et c), du présent article peuvent prendre part, sous réserve des dispositions du présent règlement, aux débats de l'Assemblée et de ses organes subsidiaires sans toutefois avoir le droit de participer à la prise des décisions.

3. Les observateurs visés au paragraphe 1, lettre d), du présent article peuvent désigner des représentants pour participer, sur l'invitation du Président, aux débats relatifs aux questions relevant de leur compétence.

4. Les exposés écrits présentés par les observateurs visés au paragraphe 1, lettre d), du présent article sont distribués par le Secrétariat aux membres de l'Assemblée.

5. Les observateurs visés au paragraphe 1, lettre e), du présent article peuvent siéger aux séances publiques de l'Assemblée et faire oralement, sur l'invitation du Président et avec l'approbation de l'Assemblée, des déclarations sur des questions entrant dans le cadre de leurs activités.

6. Les exposés écrits présentés par les observateurs visés au paragraphe 1, lettre e), sur des questions relevant de leur compétence et ayant trait aux travaux de l'Assemblée sont distribués par le Secrétariat à concurrence du nombre d'exemplaires fournis et dans les langues dans lesquelles ils lui ont été remis.

XVII. ÉLECTIONS AUX ORGANES

MEMBRES DU CONSEIL

Candidatures

Article 83

1. Avant d'élire les membres du Conseil, l'Assemblée établit des listes de pays répondant aux critères d'appartenance aux groupes d'États visés aux lettres a) à d) de l'article 84. Si un État répond aux critères d'appartenance de plus d'un

groupe, il est inclus dans les listes de tous les groupes pertinents, mais il ne peut être présenté que par un seul groupe pour les élections au Conseil et ne représente que ce groupe lors des votes au Conseil.

2.   Chacun des groupes d'États visés à l'article 84, lettres a) à d), est représenté au Conseil par les membres dont il a présenté la candidature. Chaque groupe ne peut présenter qu'autant de candidats qu'il doit pourvoir de sièges. En règle générale, le principe de la rotation s'applique lorsque le nombre de candidats potentiels dans chacun des groupes visés à l'article 84, lettres a) à e), dépasse le nombre de sièges à pourvoir dans le même groupe. Les États appartenant à ces groupes déterminent comment ce principe s'applique dans leurs groupes respectifs.

Élections

Article 84

Le Conseil se compose de 36 membres de l'Autorité élus, dans l'ordre suivant, par l'Assemblée :

a)   Quatre membres choisis parmi les États parties dont la consommation ou les importations nettes de produits de base relevant des catégories de minéraux devant être extraits de la Zone ont dépassé, au cours des cinq dernières années pour lesquelles il existe des statistiques, plus de 2 % en valeur du total mondial de la consommation ou des importations de ces produits de base, à condition que, parmi les quatre membres, figurent un État de la région de l'Europe orientale qui a l'économie la plus importante de la région en termes de produit intérieur brut et l'État qui, au moment de l'entrée en vigueur de la Convention, a l'économie la plus importante en termes de produit intérieur brut, si lesdits États souhaitent être représentés dans ce groupe;

b)   Quatre membres choisis parmi les huit États parties qui ont effectué, directement ou par l'intermédiaire de leurs ressortissants, les plus gros investissements pour la préparation et la réalisation d'activités menées dans la Zone;

c)   Quatre membres choisis parmi les États parties qui, sur la base de la production provenant des zones soumises à leur juridiction, sont parmi les principaux exportateurs nets des catégories de minéraux devant être extraits de la Zone, dont au moins deux États en développement dont l'économie est fortement tributaire de leurs exportations de ces minéraux;

d)   Six membres choisis parmi les États parties en développement et représentant des intérêts particuliers. Les intérêts particuliers devant être représentés comprennent ceux des États à populations nombreuses, des États sans littoral ou géographiquement désavantagés, des États insulaires, des États qui figurent parmi les principaux importateurs des catégories de minéraux devant être extraits de la Zone, des États potentiellement producteurs de tels minéraux et des États les moins avancés;

e)   Dix-huit membres élus suivant le principe d'une répartition géographique équitable de l'ensemble des sièges du Conseil, étant entendu qu'au moins un membre par région géographique est élu membre en application de la présente disposition. À cette fin, les régions géographiques sont : l'Afrique, l'Amérique latine et les Caraïbes, l'Asie, l'Europe orientale ainsi que l'Europe occidentale et autres États.

Mandats

Article 85

Chaque membre du Conseil est élu pour quatre ans. Toutefois, lors de la première élection, la durée du mandat de la moitié des membres représentant chacun des groupes visés à l'article 84 est de deux ans. En règle générale, chaque groupe a toute latitude de déterminer d'un commun accord quels sont les membres dont le mandat prend fin au bout de deux ans. Si l'on ne peut aboutir à un accord, les membres dont le mandat doit prendre fin au bout de deux ans sont désignés par tirage au sort par le Président de l'Assemblée immédiatement après la première élection.

Rééligibilité

Article 86

Les membres du Conseil sont rééligibles, mais il devrait être dûment tenu compte du fait qu'une rotation des sièges est souhaitable. Les membres du Conseil élus sur désignation de l'un des groupes visés à l'article 84, lettres a) à d), mais qui répondent aux critères d'appartenance à d'autres groupes, peuvent être réélus au Conseil sur désignation de l'un de ces derniers groupes.

Élections partielles

Article 87

Si un membre cesse d'appartenir au Conseil avant l'expiration de son mandat, il est pourvu à son remplacement pour la durée restant à courir de son mandat à l'issue d'une élection partielle qui a lieu séparément à la session suivante de l'Assemblée.

LE SECRÉTAIRE GÉNÉRAL DE L'AUTORITÉ

Élection du Secrétaire général

Article 88

Le Secrétaire général est élu par l'Assemblée parmi les candidats proposés par le Conseil pour une durée de quatre ans et il est rééligible.

L'ENTREPRISE[2]

Élections

Article 89

1.   L'Assemblée élit, sur recommandation du Conseil, les quinze membres du Conseil d'administration de l'Entreprise.

2.   Pour l'élection des membres du Conseil d'administration, il est dûment tenu compte du principe de la répartition géographique équitable. En proposant des candidatures au Conseil, les membres de l'Autorité tiennent compte de la nécessité de désigner des candidats ayant les plus hautes compétences et les qualifications requises dans les domaines voulus pour assurer la viabilité et le succès de l'Entreprise.

Mandats

Article 90

1.   Les membres du Conseil d'administration sont élus pour quatre ans et sont rééligibles. Lors des élections et des réélections, il est dûment tenu compte du principe de la rotation des sièges.

2.   Les membres du Conseil d'administration demeurent en fonctions jusqu'à l'élection de leurs successeurs.

Élections partielles

Article 91

Si le siège d'un membre du Conseil d'administration devient vacant, l'Assemblée, conformément à l'article 89, élit un nouveau membre pour la durée du mandat restant à courir.

Le Directeur général de l'Entreprise

Article 92

L'Assemblée élit, sur recommandation du Conseil, parmi les candidats proposés par le Conseil d'administration, le Directeur général de l'Entreprise qui ne peut être membre du Conseil d'administration. Le Directeur général est élu pour un mandat de durée déterminée, ne dépassant pas cinq ans, et il est rééligible pour de nouveaux mandats.

---

[2]   Aux termes de l'Accord relatif à l'application de la partie XI de la Convention des Nations Unies sur le droit de la mer, le Secrétariat de l'Autorité s'acquitte des fonctions de l'Entreprise jusqu'à ce que celle-ci commence à fonctionner indépendamment du Secrétariat. Lorsqu'un plan de travail relatif à l'exploitation présenté par une entité autre que l'Entreprise sera approuvé ou lorsque le Conseil recevra une demande pour une opération d'entreprise conjointe avec l'Entreprise, le Conseil examinera la question du fonctionnement de l'Entreprise indépendamment du Secrétariat de l'Autorité. S'il estime que les opérations d'entreprise conjointe sont conformes aux principes d'une saine gestion commerciale, le Conseil adopte une directive autorisant le fonctionnement indépendant de l'Entreprise, conformément au paragraphe 2 de l'article 170 de la Convention.

XVIII. QUESTIONS ADMINISTRATIVES ET BUDGÉTAIRES

Projet de budget annuel

Article 93

L'Assemblée examine et approuve le projet de budget annuel de l'Autorité soumis par le Conseil en tenant compte des recommandations de la Commission des finances.

Incidences financières des résolutions

Article 94

Aucune résolution impliquant des dépenses n'est recommandée à l'Assemblée pour approbation sans être accompagnée d'une prévision des dépenses établie par le Secrétaire général et, s'il y a lieu, des recommandations de la Commission des finances.

Contributions

Article 95[3]

L'Assemblée fixe les contributions des membres de l'Autorité au budget d'administration de l'Autorité conformément à un barème convenu, fondé sur le barème utilisé pour le budget ordinaire de l'Organisation des Nations Unies, jusqu'à ce que l'Autorité dispose de recettes suffisantes provenant d'autres sources pour faire face à ses dépenses d'administration.

XIX. COMMISSION DES FINANCES

Commission des finances

Article 96

1.   L'Assemblée élit 15 membres de la Commission des finances parmi les candidats proposés par les États parties en tenant dûment compte de la nécessité d'assurer une répartition géographique équitable ainsi que la représentation des intérêts spéciaux. Les membres de la Commission des finances doivent avoir les qualifications voulues en matière financière.

2.   Les candidats à la Commission des finances sont proposés par les États parties. Ils doivent posséder les plus hautes qualités de compétence et d'intégrité.

3.   La Commission des finances ne peut comprendre plus d'un ressortissant du même État partie.

---

[3]   Aux termes de l'Accord relatif à l'application de la partie XI de la Convention des Nations Unies sur le droit de la mer, les dépenses d'administration de l'Autorité seront imputées sur le budget de l'Organisation des Nations Unies jusqu'à la fin de l'année suivant celle où l'Accord entrera en vigueur.

4.   Chacun des groupes d'États visés à l'article 84, lettres a), b), c) et d), est représenté à la Commission des finances par au moins un membre. Jusqu'à ce que l'Autorité dispose de ressources suffisantes provenant de sources autres que les contributions pour faire face à ses dépenses d'administration, la Commission des finances doit comprendre un représentant de chacun des cinq États versant les contributions les plus importantes au budget d'administration de l'Autorité. Par la suite, l'élection d'un membre de chaque groupe se fait sur la base des candidatures présentées par les membres de ce groupe, sans préjudice de la possibilité que d'autres membres de chaque groupe soient élus.

5.   Les membres de la Commission des finances sont élus pour cinq ans et sont rééligibles une fois.

6.   En cas de décès, d'empêchement ou de démission d'un membre de la Commission des finances avant l'expiration de son mandat, l'Assemblée élit pour achever le terme du mandat un membre appartenant à la même région géographique ou au même groupe d'États.

XX. AMENDEMENTS

Modalités d'amendement

Article 97

Le présent règlement peut être amendé par décision de l'Assemblée, prise à la majorité simple des membres de l'Assemblée présents et votants après examen par une commission de l'amendement proposé.

COMMENTAIRE

Conformément aux attributions qui lui sont conférées au titre de la résolution I annexée à l'Acte final de la troisième Conférence des Nations Unies sur le droit de la mer, la Commission préparatoire de l'Autorité internationale des fonds marins et du Tribunal international du droit de la mer avait recommandé à l'Assemblée d'examiner un projet de règlement interne (LOS/PCN/WP.20/Rev.3). Ce projet avait été élaboré par la Commission préparatoire au cours de plusieurs sessions.

Durant la deuxième partie de sa première session, en mars 1995, l'Assemblée de l'Autorité a constitué un groupe de travail composé de 10 membres (deux de chaque groupe régional) qu'elle a chargé d'examiner le projet de règlement intérieur. Les membres de ce groupe de travail étaient les suivants : Allemagne, Brésil, Égypte, Fédération de Russie, Indonésie, Jamaïque, Pologne, République de Corée, Royaume-Uni et Sénégal. Les États-Unis ont participé aux travaux en qualité d'observateur. M. Abdoulmagd (Égypte) a été élu Président du groupe de travail.

Après l'adoption par l'Assemblée générale des Nations Unies le 28 juillet 1994 de l'Accord relatif à l'application de la partie XI de la Convention des Nations Unies sur le droit de la mer (résolution 48/263), le secrétariat avait élaboré le document ISBA/A/WP.1 contenant des suggestions pour la révision du projet de règlement intérieur de l'Assemblée établi par la Commission préparatoire, en tenant compte des dispositions de l'Accord. À la demande de l'Assemblée, le secrétariat a réuni ces deux documents en un document de travail (ISBA/A/WP.2) qui a été examiné par le groupe de travail. À l'issue de cet examen, le groupe de travail a présenté à l'Assemblée une révision du projet de règlement intérieur portant la cote ISBA/A/WP.3.

Le projet de règlement a été présenté à l'Assemblée à sa 14e séance, le 16 mars 1995. Après un débat au cours duquel la Nouvelle-Zélande a proposé des modifications (ISBA/A/WP.4), l'Assemblée a adopté son règlement intérieur à sa 15e séance plénière, le 17 mars 1995 (ISBA/A/L.2).

DOCUMENTATION

- COMMISSION PRÉPARATOIRE

LOS/PCN/WP.20/Rev.3, Projet définitif de règlement intérieur de l'Assemblée de l'Autorité internationale des fonds marins, reproduit dans : LOS/PCN/153, Rapport établi par la Commission préparatoire à l'intention de l'Assemblée de l'Autorité internationale des fonds marins à sa première session, en application du paragraphe 11 de la résolution I de la troisième Conférence des Nations Unies sur le droit de la mer, en ce qui concerne toutes les questions relevant de son mandat, sous réserve du paragraphe 10[1], Vol. V, p. 3-29.

- AIFM

ISBA/A/2, Projet de règlement intérieur de l'Assemblée de l'Autorité internationale des fonds marins.

ISBA/A/6, Règlement intérieur de l'Assemblée de l'Autorité internationale des fonds marins.

ISBA/A/L.1/Rev.1, Déclaration du Président de l'Assemblée sur les travaux de la deuxième partie de sa première session, paras. 4-5, (*Sélection de décisions 1/2/3*, 4).

---

[1] Le rapport final de la Commission préparatoire sur les questions relatives à l'Autorité internationale des fonds marins et à la Résolution II a été publié sous la cote LOS/PCN/153 en 13 volumes. Les références à ce rapport sont indiquées comme suit : LOS/PCN/153, vol._, p. _.

ISBA/A/L.2, Règlement intérieur de l'Assemblée. Expiration du mandat des membres du Conseil, (*Sélection de décisions 1/2/3*, 3).

ISBA/A/WP.1, Suggestions du Secrétariat pour la révision du projet de règlement intérieur de l'Assemblée de l'Autorité internationale des fonds marins.

ISBA/A/WP.2, Projet de règlement intérieur de l'Assemblée de l'Autorité internationale des fonds marins.

ISBA/A/WP.3, Règlement intérieur de l'Assemblée de l'Autorité internationale des fonds marins.

ISBA/A/WP.4, Règlement intérieur de l'Assemblée de l'Autorité internationale des fonds marins. (Propositions présentées par la délégation de la Nouvelle-Zélande).

RÈGLES DE FONCTIONNEMENT DU CONSEIL

RÈGLEMENT INTÉRIEUR DU CONSEIL DE L'AUTORITÉ INTERNATIONALE DES FONDS MARINS

Table des matières

NOTE LIMINAIRE

Le 28 juillet 1994, l'Assemblée générale des Nations Unies a adopté l'Accord relatif à l'application de la partie XI de la Convention des Nations Unies sur le droit de la mer, du 10 décembre 1982, et cet accord appliqué à titre provisoire depuis le 16 novembre 1994, a pris effet le 28 juillet 1996.

Aux termes de cet accord, ses dispositions et la partie XI de la Convention doivent être interprétées et appliquées conjointement, en tant qu'instrument unique; le présent règlement intérieur et les références à la Convention qui y sont faites doivent être interprétés et appliqués en conséquence.

I. SESSIONS

SESSIONS ORDINAIRES

Fréquence des sessions

Article premier

Le Conseil tient des sessions annuelles ordinaires à moins qu'il n'en décide autrement.

Date d'ouverture et durée

Article 2

Avant la fin de chaque session, le Conseil fixe la date d'ouverture et la durée approximative de la session suivante.

Notification aux membres

Article 3

Le Secrétaire général avise les membres du Conseil de l'ouverture d'une session ordinaire aussitôt que possible et au moins 30 jours à l'avance. Il avise à la même date les autres membres de l'Autorité.

Changement de la date des sessions ordinaires

Article 4

1.   Tout membre du Conseil ou le Secrétaire général peut demander le changement de la date d'ouverture d'une session ordinaire.

2.   Une demande émanant d'un membre du Conseil doit être adressée au Secrétaire général au moins 45 jours avant la date initialement prévue et 30 jours avant la nouvelle date proposée. Le Secrétaire général communique immédiatement la demande aux membres du Conseil en y joignant toutes observations pertinentes, y compris un état des incidences financières, le cas échéant.

3.   Une demande émanant du Secrétaire général est sujette aux mêmes conditions.

4.   Si dans les 15 jours qui suivent la demande la majorité des membres du Conseil donne son agrément, le Secrétaire général convoque la session du Conseil à la date indiquée dans la demande.

SESSIONS EXTRAORDINAIRES

Convocation des sessions extraordinaires

Article 5

Lorsque les activités urgentes de l'Autorité l'exigent, le Conseil se réunit en session extraordinaire :

a)   À la demande de l'Assemblée;

b)   À la demande du Conseil;

c)   À la demande de tout membre du Conseil appuyé par la majorité des membres du Conseil;

d)   À la demande du Président du Conseil, en consultation avec les Vice-Présidents du Conseil;

e)   À la demande du Secrétaire général, en consultation avec le Président du Conseil.

Notification aux membres

Article 6

Le Secrétaire général avise les membres du Conseil de l'ouverture d'une session extraordinaire aussitôt que possible et au moins 21 jours à l'avance. Il avise à la même date les autres membres de l'Autorité. Lorsqu'une session extraordinaire est convoquée pour l'examen d'une question d'urgence en vertu de l'article 162, paragraphe 2 lettre w), de la Convention des Nations Unies sur le droit de la mer, la notification est envoyée aussitôt que possible.

SESSIONS ORDINAIRES ET EXTRAORDINAIRES

Lieu de réunion

Article 7

Le Conseil se réunit au siège de l'Autorité.

Notification aux observateurs

Article 8

Copie de l'avis de convocation de chaque session est adressée aux observateurs visés à l'article 82 du règlement intérieur de l'Assemblée dans les délais spécifiés aux articles 3 et 6.

Interruption temporaire d'une session

Article 9

Le Conseil peut décider d'interrompre temporairement toute session et de la reprendre à une date ultérieure.

II. ORDRE DU JOUR

SESSIONS ORDINAIRES

Établissement de l'ordre du jour provisoire

Article 10

L'ordre du jour provisoire d'une session ordinaire comprend :

a)   Les points proposés par l'Assemblée;

b)   Les rapports de l'Entreprise[1], les rapports et les propositions de la

---

[1]   Aux termes de l'Accord relatif à l'application de la partie XI de la Convention des Nations Unies sur le droit de la mer, du 10 décembre 1982, le Secrétariat de l'Autorité s'acquitte des fonctions de l'Entreprise jusqu'à ce que celle-ci commence à fonctionner indépendamment du Secrétariat. Lorsqu'un plan de travail relatif à l'exploitation présenté par une entité autre que l'Entreprise est approuvé ou lorsque le Conseil reçoit une demande pour une opération d'entreprise conjointe avec l'Entreprise, le Conseil examine la question du fonctionnement de l'Entreprise indépendamment du Secrétariat de l'Autorité. S'il estime que les opérations d'entreprise conjointe sont conformes aux principes d'une saine gestion commerciale, le Conseil adopte une directive autorisant le fonctionnement indépendant de l'Entreprise, conformément au paragraphe 2 de l'article 170 de la Convention.

Commission de planification économique[2], les recommandations de la Commission juridique et technique et les rapports de la Commission des finances;

c) Les points proposés par le Conseil;

d) Les points proposés par tout membre du Conseil;

e) Les points proposés par le Secrétaire général.

Communication de l'ordre du jour provisoire

Article 11

L'ordre du jour provisoire des sessions ordinaires est établi par le Secrétaire général et communiqué aux membres du Conseil et aux membres et observateurs de l'Autorité aussitôt que possible et 30 jours au moins avant l'ouverture de la session. Toute modification ou addition ultérieure à l'ordre du jour provisoire est portée à la connaissance des membres et observateurs de l'Autorité 10 jours au moins avant l'ouverture de la session.

SESSIONS EXTRAORDINAIRES

Établissement de l'ordre du jour provisoire

Article 12

L'ordre du jour provisoire d'une session extraordinaire ne comporte que les points dont l'examen a été proposé dans la demande de réunion de la session.

Communication de l'ordre du jour provisoire

Article 13

L'ordre du jour provisoire d'une session extraordinaire est communiqué aux membres du Conseil aussitôt que possible et au moins 21 jours avant l'ouverture de la session. Il est communiqué aux autres membres et aux observateurs de l'Autorité à la même date. Lorsqu'une session extraordinaire est convoquée pour l'examen d'une question d'urgence en vertu de l'article 162, paragraphe 2 lettre w), de la Convention des Nations Unies sur le droit de la mer, l'ordre du jour provisoire est communiqué aussitôt que possible.

---

[2] Aux termes de l'Accord relatif à l'application de la partie XI de la Convention des Nations Unies sur le droit de la mer, du 10 décembre 1982, les fonctions de la Commission de planification économique seront assurées par la Commission juridique et technique jusqu'à ce que le Conseil en décide autrement ou jusqu'à l'approbation du premier plan de travail relatif à l'exploitation.

SESSIONS ORDINAIRES ET EXTRAORDINAIRES

Adoption de l'ordre du jour

Article 14

Au début de chaque session, le Conseil adopte l'ordre du jour de la session en se fondant sur l'ordre du jour provisoire. En cas d'urgence, il peut cependant ajouter des points à l'ordre du jour à tout moment d'une session.

Répartition des points de l'ordre du jour

Article 15

Le Conseil peut répartir les questions inscrites à l'ordre du jour selon qu'elles seront examinées par lui ou par l'un de ses organes ou l'un de ses organes subsidiaires et peut, sans débat préalable, renvoyer ces questions :

a) À l'un ou plusieurs de ses organes ou de ses organes subsidiaires, pour examen et rapport à une session ultérieure du Conseil;

b) Au Secrétaire général, pour étude et rapport à une session ultérieure du Conseil; ou

c) À l'auteur de la proposition d'inscription de la question à l'ordre du jour, pour supplément d'information ou de documentation.

III. REPRÉSENTATION ET VÉRIFICATION DES POUVOIRS

Composition des délégations

Article 16

Chaque membre du Conseil est représenté aux réunions du Conseil par un représentant accrédité qui peut être accompagné des représentants suppléants et des conseillers jugés nécessaires.

Communication des pouvoirs

Article 17

Les pouvoirs des représentants et les noms des suppléants et des conseillers sont communiqués au Secrétaire général, si possible 24 heures au plus tard après que ceux-ci ont occupé leur siège au Conseil. Les pouvoirs doivent émaner soit du chef de l'État ou du chef du gouvernement, du ministre des affaires étrangères ou d'une personne mandatée par lui, soit encore, dans le cas d'entités visées à l'article 305, paragraphe 1 lettre f) de la Convention des Nations Unies sur le droit de la mer, d'une autre autorité compétente.

Communication des pouvoirs par les membres de l'Autorité non représentés au Conseil

Article 18

Tout membre de l'Autorité non représenté au Conseil qui assiste à une séance du Conseil conformément à l'article 74 doit présenter des pouvoirs accréditant le représentant désigné par lui à cet effet. Les pouvoirs de ce représentant sont communiqués au Secrétaire général 24 heures au moins avant la première séance à laquelle celui-ci doit assister.

Examen des pouvoirs

Article 19

Les pouvoirs des représentants au Conseil et ceux de tout représentant désigné conformément à l'article 18 sont examinés par le Secrétaire général qui soumet un rapport à l'approbation du Conseil.

Admission provisoire à siéger

Article 20

En attendant que soient reconnus les pouvoirs d'un représentant au Conseil conformément à l'article 19, ce représentant siège à titre provisoire avec les mêmes droits que les autres représentants.

Objection à la représentation

Article 21

Tout représentant au Conseil dont les pouvoirs soulèvent des objections au sein du Conseil continue à siéger avec les mêmes droits que les autres représentants jusqu'à ce que le Conseil ait pris une décision à ce sujet.

IV. BUREAU

Élections

Article 22

1.   Chaque année à la première session ordinaire, le Conseil élit un président et quatre vice-présidents parmi ses membres de manière que chaque groupe régional soit représenté par un membre.

2.   Pour l'élection du président, le principe du roulement entre les groupes régionaux doit être observé et aucun effort n'est épargné pour élire le président sans procéder à un vote.

3.   Les vice-présidents sont rééligibles.

Durée du mandat

Article 23

Sous réserve de l'article 27, le Président et les Vice-Présidents restent en fonctions jusqu'à l'élection de leurs successeurs.

Président par intérim

Article 24

1. Si le Président doit s'absenter durant une séance ou une partie de séance, il désigne l'un des Vice-Présidents pour le remplacer.

2. Si le Président cesse d'exerces ses fonctions en vertu de l'article 26, l'un des Vice-Présidents le remplace jusqu'à l'élection d'un nouveau président.

Pouvoirs du Président par intérim

Article 25

Un vice-président agissant en qualité de président a les mêmes pouvoirs et les mêmes devoirs que le Président.

Remplacement du Président ou des vice-présidents

Article 26

Si le Président ou un vice-président cesse d'être en mesure d'exercer ses fonctions ou cesse d'être représentant d'un membre du Conseil, ou si le membre dont il est représentant cesse d'être membre du Conseil, il cesse d'exercer lesdites fonctions et un nouveau président ou vice-président est élu pour la durée du mandat restant à courir.

Pouvoirs du Président

Article 27

Outre l'exercice des pouvoirs qui lui sont conférés en vertu d'autres dispositions du présent règlement ou en vertu de la Convention des Nations Unies sur le droit de la mer, le Président prononce l'ouverture et la clôture de chaque séance du Conseil, dirige les discussions à ces séances, assure l'application du présent règlement, donne la parole, soumet les questions pour décision et proclame les décisions. Il statue sur les motions d'ordre et, sous réserve des dispositions du présent règlement, règle entièrement les débats du Conseil et assure le maintien de l'ordre à ses séances. Le Président peut proposer au Conseil, au cours de la discussion d'une question, la limitation du temps de parole, la limitation du nombre d'interventions de chaque représentant, la clôture de la liste des orateurs ou la clôture des débats et la suspension ou l'ajournement de la séance ou du débat sur la question en discussion.

Fonctions du Président

Article 28

1. Le Président préside les séances du Conseil et représente celui-ci en tant qu'organe exécutif de l'Autorité.

2.   Le Président, dans l'exercice de ses fonctions, demeure sous l'autorité du Conseil.

Vote du Président et du Président par intérim

Article 29

Le Président, ou un vice-président agissant en qualité de président, ne prend pas part aux votes, mais peut désigner un autre membre de sa délégation pour voter à sa place.

V. SECRÉTARIAT

Fonctions du Secrétaire général

Article 30

1.   Le Secrétaire général, en tant que plus haut fonctionnaire de l'Autorité, agit en cette qualité à toutes les réunions du Conseil, de ses organes et de ses organes subsidiaires. Il peut désigner un fonctionnaire du secrétariat pour le représenter. Il exerce toutes autres responsabilités à lui confiées en vertu de la Partie XI de la Convention des Nations Unies sur le droit de la mer.

2.   Le Secrétaire général fournit et dirige le personnel nécessaire au Conseil, à ses organes et à ses organes subsidiaires, en tenant dûment compte des impératifs d'économie et d'efficacité.

3.   Le Secrétaire général tient les membres du Conseil informés de toute question susceptible d'intéresser le Conseil.

Soumission du budget annuel

Article 31

Le Secrétaire général établit le projet de budget annuel de l'Autorité et le soumet avec les recommandations de la Commission des finances au Conseil pour examen. Le Conseil examine le projet de budget annuel en tenant compte des recommandations de la Commission des finances et le soumet à l'Assemblée avec ses propres recommandations.

Fonctions du secrétariat

Article 32

1.   Le secrétariat est chargé de recevoir, traduire, reproduire et distribuer les documents du Conseil et de ses organes aux membres et observateurs de l'Autorité; d'assurer l'interprétation des discours prononcés au cours des séances; de rédiger et de communiquer les comptes rendus de la session si le Conseil en décide ainsi conformément à l'article 37, de conserver de manière adéquate les documents dans les archives de l'Autorité et, d'une manière générale, d'assumer toutes autres tâches que le Conseil juge bon de lui confier.

2. Le Secrétaire général peut distribuer aux membres de l'Autorité les rapports écrits soumis par les organisations non gouvernementales visées à l'article 169, paragraphe 1, de la Convention des Nations Unies sur le droit de la mer. Les rapports soumis ainsi par des organisations non gouvernementales dans les limites de leur compétence et intéressant les travaux du Conseil sont distribués par le secrétariat dans la quantité et dans les langues dans lesquelles les rapports sont disponibles.

Prévisions de dépenses

Article 33

1. Avant que le Conseil n'approuve une proposition entraînant des dépenses devant être financées au moyen des ressources de l'Autorité, le Secrétaire général établit, le plus tôt possible, un rapport sur les prévisions de dépenses ainsi que sur les incidences administratives et budgétaires en indiquant les autorisations financières existantes et les crédits ouverts et le soumet à la Commission des finances. Après avoir été examiné par la Commission des finances, le rapport accompagné des recommandations de la Commission des finances est distribué à tous les membres du Conseil.

2. Le Conseil tient compte des prévisions et recommandations visées au paragraphe 1 avant d'adopter toute proposition entraînant des dépenses devant être financées au moyen des ressources de l'Autorité. Si la proposition est adoptée, le Conseil indique, à chaque fois qu'il convient, le degré de priorité ou d'urgence qu'il faut selon lui accorder à la proposition.

3. Le Conseil peut, conformément aux procédures établies pour la gestion du fonds de réserve qui sera créé, recommander des prélèvements sur ce fonds de réserve pour faire face à des situations d'urgence imprévues qui pourraient se faire jour avant la session suivante ordinaire de l'Assemblée.

VI. LANGUES

Langues

Article 34

Les langues du Conseil sont l'anglais, l'arabe, le chinois, l'espagnol, le français et le russe.

Interprétation

Article 35

1. Les interventions prononcées dans une langue du Conseil sont interprétées dans les autres langues du Conseil.

2. Tout représentant peut prendre la parole dans une langue autre qu'une langue du Conseil, à condition de prendre lui-même les dispositions voulues pour assurer l'interprétation dans l'une des langues du Conseil. Les interprètes du Secrétariat peuvent prendre l'interprétation ainsi fournie pour base de leur interprétation dans les autres langues du Conseil.

Langues à utiliser pour les résolutions et les documents

Article 36

Toutes les résolutions et autres documents sont publiés dans les langues du Conseil.

VII. COMPTES RENDUS

Comptes rendus et enregistrements sonores des séances

Article 37

1.   Le Conseil peut décider de faire établir des comptes rendus analytiques des séances plénières, mais toutes les décisions prises par le Conseil et toutes les déclarations officielles sont dûment consignées dans les comptes rendus publiés du Conseil. En règle générale, ces comptes rendus sont aussitôt que possible distribués simultanément dans toutes les langues du Conseil à tous les représentants, qui informent le Secrétariat, dans un délai de cinq jours ouvrables à compter du jour de la distribution du compte rendu, de toute modification qu'ils désirent y voir apporter.

2.   Le Secrétariat établit des enregistrements sonores des séances du Conseil et de ses organes subsidiaires lorsque ceux-ci en décident ainsi. Le Secrétariat mettra à la disposition des membres de l'Autorité les installations voulues pour qu'ils puissent sur demande avoir accès auxdits enregistrements sonores.

Communication des décisions

Article 38

Les décisions adoptées par le Conseil sont communiquées aux membres de l'Autorité par le Secrétaire général dans un délai de 15 jours à compter de la clôture de la session.

VIII. SÉANCES PUBLIQUES ET PRIVÉES DU CONSEIL ET DE SES ORGANES SUBSIDIAIRES

Séances publiques et privées

Article 39

1.   Les séances du Conseil sont publiques, à moins qu'il n'en soit décidé autrement.

2.   En règle générale, les séances des organes subsidiaires sont privées.

3.   Le Conseil fait connaître lors de la prochaine séance publique toutes les décisions prises en séance privée. À la fin d'une séance privée d'un organe subsidiaire, le Président peut faire publier un communiqué par l'intermédiaire du Secrétaire général.

IX. CONDUITE DES DÉBATS

Quorum

Article 40

Le quorum est constitué par la majorité des membres du Conseil.

Discours

Article 41

Aucun représentant ne peut prendre la parole au Conseil sans avoir, au préalable, obtenu l'autorisation du Président. Le Président donne la parole aux orateurs dans l'ordre où ils l'ont demandée. Le Président peut rappeler à l'ordre un orateur dont les remarques n'ont pas trait au sujet en discussion.

Tour de priorité

Article 42

Le président d'un organe du Conseil, ou d'un organe subsidiaire du Conseil, peut bénéficier d'un tour de priorité pour expliquer les conclusions de cet organe.

Déclarations du Secrétariat

Article 43

Le Secrétaire général, ou un membre du Secrétariat désigné par lui comme son représentant, peut, à tout moment, faire des déclarations orales ou écrites au Conseil sur toute question soumise à l'examen du Conseil.

Motions d'ordre

Article 44

Au cours de la discussion d'une question quelconque, un représentant d'un membre du Conseil peut présenter une motion d'ordre et le Président statue immédiatement sur cette motion conformément au présent règlement. Tout représentant d'un membre du Conseil peut en appeler de la décision du Président. L'appel est immédiatement mis aux voix et, s'il n'est pas approuvé par la majorité des membres du Conseil présents et votants, la décision du Président est maintenue. Un représentant qui présente une motion d'ordre ne peut, dans son intervention, traiter du fond de la question en discussion.

Limitation du temps de parole

Article 45

Le Conseil peut limiter le temps de parole de chaque orateur et le nombre des interventions de chaque représentant sur toute question. Avant qu'une décision n'intervienne, deux représentants de membres du Conseil peuvent prendre la parole en faveur d'une proposition tendant à fixer de telles limites, et deux contre. Lorsque les débats sont limités et qu'un représentant dépasse le temps qui lui est alloué, le Président le rappelle immédiatement à l'ordre.

Clôture de la liste des orateurs, droit de réponse

Article 46

Au cours d'un débat, le Président peut donner lecture de la liste des orateurs et, avec l'assentiment du Conseil, déclarer cette liste close. Il peut cependant accorder le droit de réponse à tout représentant lorsqu'un discours prononcé après la clôture de la liste des orateurs rend cette décision opportune.

Ajournement du débat

Article 47

Au cours de la discussion d'une question, un représentant d'un membre du Conseil peut demander l'ajournement du débat sur la question en discussion. Outre l'auteur de la motion, deux représentants de membres du Conseil peuvent prendre la parole en faveur de l'ajournement, et deux contre, après quoi la motion est immédiatement mise aux voix. Le Président peut limiter la durée des interventions permises aux représentants en vertu de cet article.

Clôture du débat

Article 48

À tout moment, un représentant d'un membre du Conseil peut demander la clôture du débat sur la question en discussion, même si d'autres représentants ont manifesté le désir de prendre la parole. L'autorisation de prendre la parole au sujet de la clôture du débat n'est accordée qu'à deux représentants de membres du Conseil opposés à la clôture, après quoi la motion est immédiatement mise aux voix. Si le Conseil approuve la motion, le Président prononce la clôture du débat. Le Président peut limiter la durée des interventions permises aux orateurs en vertu du présent article.

Suspension ou ajournement de la séance

Article 49

Pendant la discussion d'une question quelconque, un représentant d'un membre du Conseil peut demander la suspension ou l'ajournement de la séance. Les motions en ce sens ne sont pas discutées, mais sont immédiatement mises aux voix. Le Président peut limiter la durée de l'intervention de l'orateur qui propose la suspension ou l'ajournement de la séance.

Ordre des motions de procédure

Article 50

Sous réserve des dispositions de l'article 44, les motions suivantes ont priorité, dans l'ordre indiqué ci-après, sur toutes les autres propositions ou motions présentées :

a)   Suspension de la séance;
b)   Ajournement de la séance;
c)   Ajournement du débat sur le point en discussion;
d)   Clôture du débat sur le point en discussion.

Propositions et amendements

Article 51

Les propositions et amendements sont normalement remis par écrit au Secrétaire général, qui en assure la distribution aux délégations. En règle générale, aucune proposition n'est discutée ni mise aux voix à une séance quelconque du Conseil si le texte n'en a pas été distribué à toutes les délégations au plus tard la veille de la séance. Le Président peut cependant autoriser la discussion et l'examen d'amendements ou de motions de procédure même si ces amendements et motions n'ont pas été distribués ou ne l'ont été que le jour même.

Décision sur la compétence

Article 52

Sous réserve des dispositions de l'article 50, toute motion tendant à ce qu'il soit statué sur la compétence du Conseil à adopter une proposition qui lui est soumise est mise aux voix avant le vote sur la proposition en cause.

Retrait des propositions ou motions

Article 53

Une proposition ou motion qui n'a pas encore été mise aux voix peut être retirée par son auteur à tout moment, à condition qu'elle n'ait pas fait l'objet d'un amendement. Une proposition ou motion qui est ainsi retirée peut être présentée à nouveau par un membre.

Nouvel examen des propositions

Article 54

Lorsqu'une proposition est adoptée ou rejetée, elle ne peut être examinée à nouveau à la même session, sauf décision contraire du Conseil prise à la majorité des deux tiers des membres du Conseil présents et votants et sous réserve de la condition énoncée au paragraphe 2 de l'article 56. L'autorisation de prendre la parole à l'occasion d'une motion tendant à un nouvel examen n'est accordée qu'à deux représentants de membres du Conseil opposés à la motion, après quoi elle est immédiatement mise aux voix.

X. PRISE DE DÉCISIONS

Droits de vote

Article 55

Chaque membre du Conseil a une voix.

Prise de décisions

Article 56

1. En règle générale, le Conseil s'efforce de prendre ses décisions par consensus.

2. Si tous les efforts pour aboutir à une décision par consensus ont été épuisés, les décisions mises aux voix au Conseil sur les questions de procédure sont prises à la majorité des membres présents et votants, et celles sur les questions de fond, sauf lorsque la Convention des Nations Unies sur le droit de la mer dispose que le Conseil doit décider par consensus, à la majorité des deux tiers des membres présents et votants, à condition que ces décisions ne suscitent pas l'opposition de la majorité au sein de l'une quelconque des chambres mentionnées au paragraphe 5 ci-après. Pour déterminer plus facilement la majorité au sein des chambres, les bulletins de vote distribués aux membres de chacune d'entre elles devront être marqués de manière distincte.

3. Le Conseil peut décider de surseoir à une décision pour faciliter la poursuite des négociations chaque fois qu'il apparaît que tous les efforts pour aboutir à un consensus sur une question n'ont pas été épuisés.

4. Les décisions du Conseil qui ont des incidences financières ou budgétaires sont fondées sur les recommandations de la Commission des finances.

5. Chaque groupe d'États élus conformément à l'article 84, lettres a) à c) du règlement intérieur de l'Assemblée est considéré comme une chambre pour les votes au Conseil. Les États en développement élus conformément à l'article 84, lettres d) et e) du règlement intérieur de l'Assemblée sont considérés comme une seule chambre pour les votes au Conseil.

Emploi des termes

Article 57

1. Aux fins du présent règlement, l'expression « membres présents et votants » s'entend des membres du Conseil présents et votants pour ou contre; les membres du Conseil qui s'abstiennent de voter sont considérés comme non votants.

2. Sous réserve des dispositions des articles 16 à 21, l'expression « membres participants », s'agissant d'une session déterminée du Conseil, s'entend des membres du Conseil dont les représentants se sont inscrits auprès du Secrétariat comme participants à cette session et qui n'ont pas, par la suite, notifié au Secrétariat leur intention de se retirer de la totalité ou d'une partie de ladite session. Le Secrétariat tient un registre à cette fin.

Décisions nécessitant un consensus

Article 58

Les décisions sur les questions de fond qui se posent à propos de l'article 162, paragraphe 2, lettres m) et o), et à propos de l'adoption des amendements à la partie XI de la Convention des Nations Unies sur le droit de la mer sont prises par consensus.

Emploi du terme « consensus »

Article 59

Aux fins du présent règlement, on entend par « consensus » l'absence de toute objection formelle.

Modalités de vote

Article 60

1. Lorsqu'il ne dispose pas d'un dispositif mécanique de vote, le Conseil vote normalement à main levée, mais un représentant de tout membre du Conseil peut demander le vote par appel nominal. L'appel est fait dans l'ordre alphabétique anglais des noms des membres du Conseil participant à la session en commençant par le membre du Conseil dont le nom est tiré au sort par le Président. Dans le vote par appel nominal, on appelle chaque membre du Conseil et un de ses représentants répond « oui », « non » ou « abstention ». Les résultats du vote sont consignés au compte rendu, suivant l'ordre alphabétique anglais des noms des membres du Conseil.

2. Lorsque le Conseil vote à l'aide du dispositif mécanique, un vote non enregistré remplace un vote à main levée et un vote enregistré remplace un vote par appel nominal. Un représentant de tout membre du Conseil peut demander un vote enregistré. Dans le cas d'un vote enregistré, il n'est pas procédé, à moins qu'un représentant d'un membre du Conseil n'en fasse la demande, à l'appel des noms des membres du Conseil; toutefois, les résultats du vote sont consignés au compte rendu de la même manière que les résultats d'un vote par appel nominal.

Règles à observer pendant le vote

Article 61

Lorsque le Président a annoncé que le vote est commencé, aucun représentant d'un membre du Conseil ne peut interrompre le vote; toutefois, tout représentant peut présenter pendant le vote une motion d'ordre ayant trait à la manière dont le vote s'effectue.

Explications de vote

Article 62

Les représentants des membres du Conseil peuvent faire de brèves déclarations, à seule fin d'expliquer leur vote, avant le début du vote ou une fois le vote terminé. Le Président peut limiter la durée de ces déclarations. Le représentant d'un membre du Conseil qui est l'auteur d'une proposition ou d'une motion ne peut pas expliquer son vote sur celle-ci, sauf si elle a été modifiée.

Division des propositions et amendements

Article 63

Tout représentant d'un membre du Conseil peut demander que des parties d'une proposition ou d'un amendement soient mises aux voix séparément. S'il est fait objection à la demande de division, la motion de division est mise aux voix. L'autorisation de prendre la parole au sujet de la motion de division n'est accordée qu'à deux orateurs pour et deux orateurs contre. Si la motion de division est acceptée, les parties de la proposition ou de l'amendement qui ont été adoptées sont ensuite mises aux voix en bloc. Si toutes les parties du dispositif d'une proposition ou d'un amendement ont été rejetées, la proposition ou l'amendement est considéré comme rejeté dans son ensemble.

Ordre du vote sur les amendements

Article 64

Lorsqu'une proposition fait l'objet d'un amendement, l'amendement est mis aux voix en premier lieu. Si une proposition fait l'objet de deux ou plusieurs amendements, le Conseil vote d'abord sur celui qui s'éloigne le plus, quant au fond, de la proposition primitive. Il vote ensuite sur l'amendement qui, après celui-ci, s'éloigne le plus de ladite proposition, et ainsi de suite jusqu'à ce que tous les amendements aient été mis aux voix. Toutefois, lorsque l'adoption d'un amendement implique nécessairement le rejet d'un autre amendement, ce dernier n'est pas mis aux voix. Si un ou plusieurs amendements sont adoptés, on vote ensuite sur la proposition modifiée. Une motion est considérée comme un amendement à une proposition si elle comporte simplement une addition, une suppression ou une modification intéressant une partie de ladite proposition.

Ordre du vote sur les propositions

Article 65

Si la même question fait l'objet de deux ou plusieurs propositions, le Conseil, à moins qu'il n'en décide autrement, vote sur ces propositions selon l'ordre dans lequel elles ont été présentées. Le Conseil peut, après chaque vote sur une proposition, décider s'il votera ou non sur la proposition suivante.

Élections

Article 66

Toutes les élections ont lieu au scrutin secret.

Mode de scrutin pour l'élection à un seul poste

Article 67

Lorsqu'il s'agit d'élire une personne ou un membre du Conseil et qu'aucun candidat ne recueille au premier tour la majorité requise prévue au paragraphe 2 de l'article 56, le scrutin continue jusqu'à ce qu'un des candidats recueille la majorité requise des suffrages exprimés; toutefois, après le troisième tour de scrutin non décisif, les membres du Conseil ont le droit de voter pour toute personne ou pour tout membre du Conseil éligible. Si trois tours de scrutin libre ne donnent pas de résultat, les trois scrutins suivants ne portent plus que sur les deux candidats ayant obtenu le plus grand nombre de voix au troisième tour de scrutin libre; les trois scrutins suivants sont libres, et ainsi de suite jusqu'à ce qu'une personne ou un membre du Conseil soit élu.

Mode de scrutin pour l'élection à plusieurs postes

Article 68

Quand deux ou plusieurs postes doivent être pourvus par voie d'élection en même temps et dans les mêmes conditions, les candidats qui, au premier tour, obtiennent la majorité requise sont élus, à concurrence du nombre des postes à pourvoir. Si le nombre de candidats obtenant cette majorité est inférieur au nombre des personnes ou des membres du Conseil à élire, il est procédé à d'autres tours de scrutin afin de pourvoir les postes encore vacants, le vote ne portant que sur les candidats qui ont obtenu le plus grand nombre de suffrages au scrutin précédent et qui ne doivent pas être en nombre supérieur au double de celui des postes restant à pourvoir; toutefois, après le troisième tour de scrutin non décisif, les membres ont le droit de voter pour toute personne ou membre éligible. Si trois tours de scrutin libre ne donnent pas de résultat, les trois scrutins suivants ne portent plus que sur les candidats qui ont obtenu le plus grand nombre de voix au troisième tour de scrutin libre et qui ne doivent pas être en nombre supérieur au double de celui des postes restant à pourvoir; les trois scrutins suivants sont libres, et ainsi de suite jusqu'à ce que tous les postes aient été pourvus.

Partage égal des voix lors d'un vote dont l'objet est autre qu'une élection

Article 69

En cas de partage égal des voix lors d'un vote dont l'objet est autre qu'une élection, on procède à un deuxième vote au cours d'une séance suivante qui se tient 48 heures au plus après le premier vote, et l'ordre du jour mentionne expressément que la question dont il s'agit fera l'objet d'un second vote. S'il y a encore partage égal des voix, la proposition est considérée comme rejetée.

XI. PROCÉDURES SPÉCIALES

Approbation de plans de travail

Article 70

Le Conseil approuve toute recommandation de la Commission juridique et technique favorable à l'approbation d'un plan de travail sauf s'il décide de rejeter celui-ci à la majorité des deux tiers de ses membres présents et votants, dont la majorité des membres présents et votants au sein de chacune de ses chambres. Si le Conseil ne statue pas dans le délai prescrit sur une recommandation favorable à l'approbation d'un plan de travail, cette recommandation est réputée approuvée par le Conseil à l'expiration dudit délai. Le délai prescrit est normalement de soixante jours, à moins que le Conseil ne fixe un délai plus long. Si la Commission recommande le rejet d'un plan de travail ou ne fait pas de recommandation, le Conseil peut néanmoins approuver le plan de travail conformément aux dispositions de son règlement intérieur régissant la prise de décisions sur les questions de fond.

XII. ORGANES SUBSIDIAIRES DU CONSEIL

Création

Article 71

Le Conseil peut créer, selon que de besoin et en tenant dûment compte des impératifs d'économie et d'efficacité, des organes subsidiaires s'il le juge nécessaire pour exercer ses fonctions.

Composition

Article 72

En ce qui concerne la composition des organes subsidiaires, l'accent est mis sur la nécessité d'assurer à ces organes le concours de membres qualifiés et compétents dans les domaines techniques dont ils s'occupent; il doit toutefois être dûment tenu compte du principe de la répartition géographique équitable des sièges et des intérêts particuliers.

Règlement intérieur

Article 73

Le présent règlement intérieur du Conseil s'applique, *mutatis mutandis*, aux travaux des organes subsidiaires, à moins que le Conseil en décide autrement.

XIII. PARTICIPATION DE NON-MEMBRES DU CONSEIL

Participation des membres de l'Autorité

Article 74[3]

Tout membre de l'Autorité qui n'est pas représenté au Conseil peut se faire représenter à une séance de celui-ci. Le représentant de ce membre peut participer aux débats sans droit de vote.

---

[3] Le présent article s'entend sans préjudice de l'accord auquel était parvenue l'Assemblée lors de la première partie de la deuxième session, tenue en mars 1996, aux termes duquel : « Tout groupe régional qui renonce à un siège a le droit de désigner un membre de ce groupe à l'Assemblée pour participer aux travaux et aux délibérations du Conseil pour la durée de la période pendant laquelle le siège est abandonné. Ce membre, cependant, n'aura pas le droit de vote » (ISBA/A/L.8, note 2, et ISBA/A/L.9, para. 11).

Participation d'observateurs

Article 75

Les observateurs visés à l'article 82 du règlement intérieur de l'Assemblée peuvent désigner des représentants qui, sur l'invitation du Conseil, peuvent prendre part aux débats du Conseil relatifs aux questions les concernant ou relevant de leur compétence, mais ne peuvent participer aux votes.

Coopération avec les organisations internationales et non gouvernementales

Article 76

Pour les questions qui sont du ressort de l'Autorité, le Secrétaire général conclut, après approbation du Conseil, des accords aux fins de consultations et de coopération avec les organisations internationales et non gouvernementales reconnues par le Conseil économique et social de l'Organisation des Nations Unies.

XIV. ÉLECTIONS À LA COMMISSION DE PLANIFICATION ÉCONOMIQUE ET À LA COMMISSION JURIDIQUE ET TECHNIQUE[4]

Composition

Article 77

1. Chaque commission est composée de quinze membres élus par le Conseil parmi les candidats présentés par les membres de l'Autorité.

2. Le Conseil peut néanmoins, si besoin est, décider d'élargir la composition de l'une ou de l'autre commission en tenant dûment compte des impératifs d'économie et d'efficacité.

3. Les décisions sur les questions visées aux paragraphes 1 et 2 sont prises par le Conseil à la majorité des deux tiers des membres présents et votants, conformément au paragraphe 2 de l'article 56, sous réserve que ces décisions ne suscitent pas l'opposition de la majorité au sein de l'une quelconque des chambres visées au paragraphe 5 de l'article 56.

Répartition géographique équitable et représentation des intérêts particuliers

Article 78

Lors de l'élection des membres des commissions, il est tenu dûment compte de la nécessité d'une répartition géographique équitable et d'une représentation des intérêts particuliers.

---

[4] Voir plus haut note 2.

Candidatures

Article 79

Un État partie ne peut présenter plus d'un candidat à une même commission. Nul ne peut être élu à plus d'une commission.

Mandat

Article 80

1.   Les membres des commissions sont élus pour cinq ans. Ils sont rééligibles pour un nouveau mandat.

2.   Le mandat d'un membre d'une commission commence à la date de l'élection.

3.   En cas de décès, incapacité ou démission d'un membre d'une commission avant l'expiration de son mandat, le Conseil élit, pour la durée du mandat restant à courir, un membre de la même région géographique ou représentant la même catégorie d'intérêts.

Qualifications générales requises des membres d'une commission

Article 81

Les membres d'une commission doivent avoir les qualifications requises dans les domaines relevant de la compétence de celle-ci. Afin de permettre aux commissions d'exercer leurs fonctions efficacement, les membres de l'Autorité désignent des candidats de la plus haute compétence et de la plus haute intégrité ayant les qualifications requises dans les domaines pertinents.

Qualifications requises des membres de la Commission de planification économique

Article 82

Les membres de la Commission de planification économique doivent posséder les qualifications voulues, notamment en matière d'activités minières, de gestion des ressources minérales, de commerce international et d'économie internationale. Le Conseil s'efforce de faire en sorte que, par sa composition, la Commission dispose de l'éventail complet des qualifications requises. La Commission doit compter parmi ses membres au moins deux ressortissants d'États en développement dont l'économie est fortement tributaire des exportations de catégories de minéraux devant être extraits de la Zone.

Qualifications requises des membres de la Commission juridique et technique

Article 83

Les membres de la Commission juridique et technique doivent posséder les qualifications voulues, notamment en matière d'exploration, d'exploitation et de traitement des ressources minérales, d'océanologie et de protection du milieu marin ou en ce qui concerne les questions économiques ou juridiques relatives aux activités minières en mer ou dans d'autres domaines connexes. Le Conseil s'efforce de faire en sorte que, par sa composition, la Commission dispose de l'éventail complet des qualifications requises.

XV. AMENDEMENTS

Procédure d'amendement

Article 84

Le présent règlement intérieur peut être amendé par une décision du Conseil prise par la majorité des membres présents et votants, après que l'amendement envisagé aura été examiné par un comité.

COMMENTAIRE

Comme dans le cas du règlement intérieur de l'Assemblée, le projet de règlement intérieur du Conseil établi par la Commission préparatoire (LOS/PCN/WP.31/Rev.3) a dû être considérablement modifié, en fonction notamment de l'Accord de 1994. Pour la deuxième session de l'Autorité (1996), le secrétariat a établi un nouveau projet de règlement intérieur, en tenant compte des dispositions de l'Accord et des débats qui avaient eu lieu au sujet du règlement intérieur de l'Assemblée (ISBA/C/WP.1).

Le projet révisé a été examiné par un groupe de travail du Conseil à composition non limitée présidé par M. Marsit (Tunisie). Ce groupe s'est réuni sept fois et, lors de la deuxième session de l'Autorité, il a soumis pour examen par le Conseil une version révisée du règlement intérieur (ISBA/C/WP.1/Rev.1). Après examen de ce rapport du groupe de travail, le Conseil, à sa 9ᵉ séance, le 16 août 1996, a adopté officiellement son règlement intérieur (ISBA/C/12).

DOCUMENTATION

- COMMISSION PRÉPARATOIRE

LOS/PCN/WP.26/Rev.3, Projet de règlement intérieur du Conseil de l'Autorité internationale des fonds marins, reproduit dans : LOS/PCN/153, Vol. V, pp. 30-54.

- AIFM

ISBA/A/L.7/Rev.1, Déclaration faite par le Président concernant les travaux de l'Assemblée lors de la troisième partie de sa première session, para. 34, (*Sélection de décisions 1/2/3*, 13).

ISBA/A/L.9, Déclaration faite par le Président concernant les travaux de l'Assemblée lors de la première partie de sa deuxième session, para. 26, (*Sélection de décisions 1/2/3*, 23).

ISBA/A/L.13, Déclaration faite par le Président concernant les travaux de l'Assemblée lors de la reprise de la deuxième session, para. 2, (*Sélection de décisions 1/2/3*, 32-33).

ISBA/C/12, Règlement intérieur du Conseil de l'Autorité internationale des fonds marins.

ISBA/C/L.3, Déclaration du Président par intérim sur les travaux du Conseil pendant la reprise de la deuxième session, para. 6, (*Sélection de décisions 1/2/3*, 42).

ISBA/C/WP.1/Rev.1, Projet de règlement intérieur du Conseil de l'Autorité internationale des fonds marins.

DÉCISION DE L'ASSEMBLÉE DE L'AUTORITÉ INTERNATIONALE DES FONDS MARINS CONCERNANT LA DURÉE DES MANDATS DES MEMBRES DU CONSEIL

L'Assemblée de l'Autorité internationale des fonds marins,

Décide, de façon à harmoniser la durée des mandats des membres du Conseil avec l'année civile, que les mandats de ceux de ses membres qui ont été élus en 1998 commenceront le 1er janvier 1999 et dureront quatre années civiles, que les mandats de ceux de ses membres qui ont été élus en 1996 pour une période de deux ans se termineront le 31 décembre 1998 et que les mandats de ceux de ses membres qui ont été élus en 1996 pour une période de quatre ans se termineront le 31 décembre 2000.

53ᵉ séance
25 mars 1998

COMMENTAIRE

Conformément au paragraphe 15 de la section 3 de l'annexe de l'Accord de 1994, le Conseil se compose de 36 membres de l'Autorité, élus par l'Assemblée dans l'ordre suivant :

a)   Quatre membres choisis parmi les États Parties dont la consommation ou les importations nettes de produits de base relevant des catégories de minéraux devant être extraits de la Zone ont dépassé, au cours des cinq dernières années pour lesquelles il existe des statistiques, plus de 2 % en valeur du total mondial de la consommation ou des importations de ces produits de base, à condition que, parmi les quatre membres, figurent un État de la région de l'Europe orientale qui a l'économie la plus importante de la région en termes de produit intérieur brut et l'État qui, au moment de l'entrée en vigueur de la Convention, a l'économie la plus importante en termes de produit intérieur brut, si lesdits États souhaitent être représentés dans ce groupe (**Groupe A**);

b)   Quatre membres choisis parmi les huit États Parties qui ont effectué, directement ou par l'intermédiaire de leurs ressortissants, les plus gros investissements pour la préparation et la réalisation d'activités menées dans la Zone (**Groupe B**);

   c)   Quatre membres choisis parmi les États Parties qui, sur la base de la production provenant des zones soumises à leur juridiction, sont parmi les principaux exportateurs nets des catégories de minéraux devant être extraits de la Zone, dont au moins deux États en développement dont l'économie est fortement tributaire de leurs exportations de ces minéraux (**Groupe C**);

   d)   Six membres choisis parmi les États Parties en développement et représentant des intérêts particuliers. Les intérêts particuliers devant être représentés comprennent ceux des États à populations nombreuses, des États sans littoral ou géographiquement désavantagés, des États insulaires, des États qui figurent parmi les principaux importateurs des catégories de minéraux devant être extraits de la Zone, des États potentiellement producteurs de tels minéraux et des États les moins avancés (**Groupe D**);

   e)   Dix-huit membres élus suivant le principe d'une répartition géographique équitable de l'ensemble des sièges du Conseil, étant entendu qu'au moins un membre par région géographique est élu membre en application de la présente disposition. À cette fin, les régions géographiques sont : l'Afrique, l'Amérique latine et les Caraïbes, l'Asie, l'Europe orientale ainsi que l'Europe occidentale et autres États (**Groupe E**).

   Le premier Conseil de l'Autorité a été élu le 21 mars 1996 (ISBA/A/L.8) après de nombreuses consultations des groupes régionaux et des autres parties intéressées. Comme il est spécifié dans la Convention de 1982 et dans l'Accord de 1994, le mandat de la moitié des membres du Conseil a expiré au bout de deux ans. En mars 1998, a donc eu lieu la première élection pour remplir ces postes. À sa cinquante-troisième séance, le 25 mars 1998, l'Assemblée a décidé, de façon à harmoniser la durée des mandats des membres du Conseil avec l'année civile, que les mandats de ceux de ses membres élus en 1998 commenceraient le 1er janvier 1999 et dureraient quatre années civiles c'est-à-dire jusqu'au 31 décembre 2002 et que les mandats des membres du Conseil qui ont été élus en 1996 pour une période de deux ans se termineraient le 31 décembre 1998 (ISBA/4/A/5).

   Depuis lors, des élections ont eu lieu tous les deux ans pour renouveler la moitié des membres du Conseil. Afin que l'Assemblée puisse plus facilement déterminer, conformément au paragraphe 9 de la section 3 de l'annexe de l'Accord, les États qui répondent aux critères d'appartenance aux divers groupes du Conseil, le secrétariat établit un document officieux contenant une liste indicative des États qui répondraient aux critères d'appartenance aux divers groupes d'États du Conseil.

DOCUMENTATION

- AIFM

ISBA/A/L.1/Rev.1, Déclaration du Président de l'Assemblée sur les travaux de la deuxième partie de sa première session, paras. 7-24, (*Sélection de décisions 1/2/3*, 4-8).

ISBA/A/L.7/Rev.1, Déclaration faite par le Président concernant les travaux de l'Assemblée lors de la troisième partie de sa première session, paras. 4-10, (*Sélection de décisions 1/2/3*, 8-9).

ISBA/A/L.8, Composition du premier Conseil de l'Autorité internationale des fonds marins, (*Sélection de décisions 1/2/3*, 17-19).

ISBA/A/L.9, Déclaration faite par le Président concernant les travaux de l'Assemblée lors de la première partie de sa deuxième session, paras. 2-11 et Annexes I-VII, (*Sélection de décisions 1/2/3*, 20-21 et 23-27).

ISBA, Liste indicative des États qui répondraient aux critères d'appartenance aux divers groupes d'États du Conseil de l'Autorité internationale des fonds marins conformément au paragraphe 15 de la section 3 de l'annexe à l'Accord relatif à l'application de la partie XI de la Convention des Nations Unies sur le droit de la mer du 10 décembre 1982, document de travail officieux, 27 février 1995 (ronéo).

ISBA, Liste indicative par ordre alphabétique des États membres de l'Autorité internationale des fonds marins qui répondraient aux critères d'appartenance aux divers groupes d'États du Conseil de l'Autorité internationale des fonds marins conformément au paragraphe 15 de la section 3 de l'annexe à l'Accord relatif à l'application de la partie XI de la Convention des Nations Unies sur le droit de la mer du 10 décembre 1982, document de travail officieux n° 2, 2 mars 1995 (ronéo).

ISBA, Liste indicative des États membres de l'Autorité internationale des fonds marins – membres qui pourraient faire partie des groupes définis aux alinéas a) à e) du paragraphe 15 de l'Accord, document de travail officieux n° 3, 2 mars 1995 (ronéo).

ISBA/3/A/4, Rapport du Secrétaire général de l'Autorité internationale des fonds marins présenté en application de l'article 166, paragraphe 4, de la Convention des Nations Unies sur le droit de la mer, para. 14, (*Sélection de décisions 1/2/3*, 52-53).

ISBA/4/A/5, Décision de l'Assemblée de l'Autorité internationale des fonds marins concernant la durée des mandats des membres du Conseil, (*Sélection de décisions 4*, 41).

ISBA/4/A/6, Décision de l'Assemblée de l'Autorité internationale des fonds marins concernant l'élection de membres appelés à pourvoir les sièges vacants au Conseil, conformément au paragraphe 3 de l'article 161 de la Convention, (*Sélection de décisions 4*, 41-42).

ISBA/4/A/11, Rapport du Secrétaire général de l'Autorité internationale des fonds marins présenté en application de l'article 166, paragraphe 4, de la Convention des Nations Unies sur le droit de la mer, paras. 10-12, (*Sélection de décisions 4*, 54).

ISBA/4/A/L.5 (Anglais seulement), Projet de décision de l'Assemblée concernant l'élection de membres appelés à pourvoir les sièges vacants au Conseil.

ISBA, Liste indicative des États qui répondraient aux critères d'appartenance aux divers groupes d'États du Conseil de l'Autorité internationale des fonds marins pendant le deuxième mandat de deux ans du premier Conseil, document de travail officieux, 16 mars 1998 (ronéo).

ISBA/5/A/7, Décision de l'Assemblée de l'Autorité internationale des fonds marins concernant l'élection de membres appelés à pourvoir les sièges vacants au Conseil, (*Sélection de décisions 5*, 19).

ISBA/5/A/14, Déclaration du Président sur les travaux de l'Assemblée à la cinquième session, para. 4, (*Sélection de décisions 5*, 41).

ISBA/6/A/14, Décision de l'Assemblée de l'Autorité internationale des fonds marins relative à l'élection aux sièges vacants du Conseil, conformément au paragraphe 3 de l'article 161 de la Convention, (*Sélection de décisions 6*, 29-30).

ISBA/6/A/19, Déclaration du Président sur les travaux de l'Assemblée à la reprise de sa sixième session, para. 14, (*Sélection de décisions 6*, 70).

ISBA/6/A/L.3, Projet de décision de l'Assemblée de l'Autorité relative à l'élection aux sièges vacants du Conseil, conformément au paragraphe 3 de l'article 161 de la Convention.

ISBA/6/A/CRP.1, Élection destinée à pourvoir les postes vacants du Conseil pour la période 2001-2004 conformément au paragraphe 3 de l'article 161 de la Convention, 21 mars 2000 (ronéo).

ISBA/6/A/CRP.2, Liste indicative des États membres de l'Autorité internationale des fonds marins qui répondraient aux critères d'appartenance aux divers groupes d'États du Conseil, 27 mars 2000 (ronéo).

ISBA/8/A/10, Décision de l'Assemblée de l'Autorité internationale des fonds marins relative à l'élection destinée à pourvoir les sièges devenus vacants au Conseil de l'Autorité, conformément aux dispositions du paragraphe 3 de l'article 161 de la Convention des Nations Unies sur le droit de la mer, (*Sélection de décisions 8*, 29-30).

ISBA/8/A/13, Déclaration du Président sur les travaux de l'Assemblée à la huitième session, para. 14, (*Sélection de décisions 8*, 34-35).

ISBA/8/A/L.2, Projet de décision de l'Assemblée de l'Autorité internationale des fonds marins relative à l'élection destinée à pourvoir les sièges devenus vacants au Conseil de l'Autorité, conformément aux dispositions du paragraphe 3 de l'article 161 de la Convention des nations Unies sur le droit de la mer.

ISBA/8/A/CRP.1, Élection destinée à pourvoir les sièges vacants du Conseil pour la période 2003-2006 conformément au paragraphe 3 de l'article 161 de la Convention, 19 juillet 2002 (ronéo).

ISBA/8/CRP.2, Liste indicative des États membres de l'Autorité internationale des fonds marins qui répondraient aux critères d'appartenance aux divers groupes d'État du Conseil conformément au paragraphe 15 de la section 3 de l'annexe à l'Accord relatif à l'application de la partie XI de la Convention des Nations Unies sur le droit de la mer du 10 décembre 1982, 19 juillet 2002 (ronéo).

ISBA/10/A/12, Exposé du Président sur les travaux de l'Assemblée à sa dixième session, paras. 37-38, (*Sélection de décisions 10*, 64).

ISBA/10/A/CRP.1, Élection destinée à pourvoir les postes vacants du Conseil pour la période 2005-2008 conformément au paragraphe 3 de l'article 161 de la Convention, 26 mars 2004 (ronéo).

ISBA/10/A/CRP.2, Liste indicative des États qui répondraient aux critères d'appartenance aux divers groupes d'États du Conseil de l'Autorité internationale des fonds marins conformément au paragraphe 15 de la section 3 de l'annexe à l'Accord relatif à l'application de la partie XI de la Convention des Nations Unies sur le droit de la mer du 10 décembre 1982, document de travail officieux, 26 mars 2004 (ronéo).

ISBA/10/A/CRP.3, Candidats à l'élection au Conseil, 26 mars 2004 (ronéo).

ISBA/12/A/12, Décision de l'Assemblée de l'Autorité internationale des fonds marins relative à l'élection destinée à pourvoir les sièges devenus vacants au Conseil de l'Autorité, conformément aux dispositions du paragraphe 3 de l'article 161 de la Convention des Nations Unies sur le droit de la mer, (*Sélection de décisions 12*, 25-26).

ISBA/12/A/13, Exposé du Président sur les travaux de l'Assemblée à sa douzième session, para. 31, (*Sélection de décisions 12*, 31-32).

ISBA/12/A/CRP.1, Élection destinée à pourvoir les postes vacants du Conseil pour la période 2007-2010 conformément au paragraphe 3 de l'article 161 de la Convention, 7 août 2006 (ronéo).

ISBA/12/A/CRP.2, Liste indicative des États qui répondraient aux critères d'appartenance aux divers groupes d'États du Conseil de l'Autorité internationale des fonds marins conformément au paragraphe 15 de la section 3 de l'annexe à l'Accord relatif à l'application de la partie XI de la Convention des Nations Unies sur le droit de la mer du 10 décembre 1982, document de travail officieux, 7 août 2006 (ronéo).

ISBA/14/A/12, Décision de l'Assemblée de l'Autorité internationale
des fonds marins relative à l'élection destinée à pourvoir les sièges
devenus vacants au Conseil de l'Autorité, conformément aux
dispositions du paragraphe 3 de l'article 161 de la Convention des
Nations Unies sur le droit de la mer, (*Sélection de décisions 14*,
29-30).

ISBA/14/A/13, Déclaration du Président de l'Assemblée de l'Autorité
internationale des fonds marins sur les travaux de l'Assemblée à la
quatorzième session, paras. 19-20, (*Sélection de décisions 14*, 33).

ISBA/14/A/CRP.1, Élection destinée à pourvoir les postes vacants du
Conseil pour la période 2009-2012 conformément au paragraphe 3
de l'article 161 de la Convention, 21 mai 2008 (ronéo).

ISBA/14/A/CRP.2, Liste indicative des États qui répondraient aux critères
d'appartenance aux divers groupes d'États du Conseil de l'Autorité
internationale des fonds marins conformément au paragraphe 15
de la section 3 de l'annexe à l'Accord relatif à l'application de la
partie XI de la Convention des Nations Unies sur le droit de la mer
du 10 décembre 1982, document de travail officieux, 21 mai 2008
(ronéo).

ISBA/16/A/11, Décision de l'Assemblée de l'Autorité internationale des
fonds marins concernant l'élection destinée à pourvoir les sièges
vacants au Conseil de l'Autorité, conformément au paragraphe 3
de l'article 161 de la Convention des Nations Unies sur le droit de
la mer, (*Sélection de décisions 16*, 41-42).

ISBA/16/A/13, Déclaration du Président de l'Assemblée de l'Autorité
internationale des fonds marins sur les travaux de l'Assemblée à sa
seizième session, para. 36, (*Sélection de décisions 16*, 91-92).

ISBA/16/A/CRP.1, Élection destinée à pourvoir les postes vacants du
Conseil pour la période 2011-2014 conformément au paragraphe 3
de l'article 161 de la Convention, 16 mars 2010 (ronéo).

ISBA/16/A/CRP.2, Liste indicative des États qui répondraient aux critères
d'appartenance aux divers groupes d'États du Conseil de l'Autorité
internationale des fonds marins conformément au paragraphe 15
de la section 3 de l'annexe à l'Accord relatif à l'application de la
partie XI de la Convention des Nations Unies sur le droit de la mer
du 10 décembre 1982, document de travail officieux, 16 mars 2010
(ronéo).

RÈGLEMENT INTÉRIEUR DE LA COMMISSION DES FINANCES

Table des matières

NOTE D'INTRODUCTION

1.   Le 28 juillet 1994, l'Assemblée générale des Nations Unies a adopté l'Accord relatif à l'application de la partie XI de la Convention des Nations Unies sur le droit de la mer du 10 décembre 1982 (ci-après appelé « l'Accord »). L'Accord a été appliqué à titre provisoire à partir du 16 novembre 1994 et est entré en vigueur le 28 juillet 1996.

2.   L'Accord prévoit que ses dispositions et celles de la partie XI de la Convention doivent être interprétées et appliquées ensemble comme un seul et même instrument; le présent règlement et les références qui y sont faites à la Convention doivent être interprétés et appliqués en conséquence.

I. SESSIONS

Fréquence des sessions

Article premier

La Commission des finances (ci-après appelée « la Commission ») se réunit aussi souvent que nécessaire pour s'acquitter efficacement de sa tâche, compte tenu des critères de coût-efficacité.

Lieu de réunion

Article 2

La Commission se réunit normalement au siège de l'Autorité. Elle peut tenir des sessions dans d'autres lieux si l'Assemblée ou le Conseil en décide ainsi.

Convocation des sessions

Article 3

1.   Compte tenu des dispositions de l'article premier, la Commission se réunit à la demande :

a)   De l'Assemblée;
b)   Du Conseil;
c)   De la majorité des membres de la Commission;
d)   Du Président de la Commission; ou
e)   Du Secrétaire général.

2.   Avant que l'un ou l'autre ne demande la convocation d'une session de la Commission, le Président et le Secrétaire général se consultent et consultent les membres de la Commission, notamment sur la date et la durée de la session.

3.   Toute session convoquée comme suite à une demande de l'Assemblée ou du Conseil se réunit aussi tôt que possible, mais au plus tard soixante jours après la date de la demande.

Notification aux membres

Article 4

Le Secrétaire général avise les membres de la Commission aussi tôt que possible de la date et de la durée de chaque session.

Interruption temporaire des sessions

Article 5

La Commission peut décider d'interrompre temporairement toute session et de la reprendre à une date ultérieure.

II. ORDRE DU JOUR

Établissement de l'ordre du jour provisoire

Article 6

L'ordre du jour provisoire de chaque session de la Commission est établi par le Secrétaire général, si possible en consultation avec le Président de la Commission, et comprend :

a)   Toutes les questions proposées par l'Assemblée;

b)   Toutes les questions proposées par le Conseil;

c)   Toutes les questions proposées par la Commission;

d)   Toutes les questions proposées par le Président de la Commission;

e)   Toutes les questions proposées par un membre quelconque de la Commission;

f)   Toutes les questions proposées par le Secrétaire général.

Communication de l'ordre du jour provisoire

Article 7

L'ordre du jour provisoire de chaque session de la Commission est communiqué aux membres de la Commission et aux membres de l'Autorité aussi tôt que possible, mais vingt et un jours au moins avant l'ouverture de la session. Toute modification ou addition ultérieure à l'ordre du jour provisoire est portée à la connaissance des membres de la Commission et des membres de l'Autorité suffisamment tôt avant la session.

Adoption de l'ordre du jour

Article 8

1.   Au début de chaque session, la Commission adopte l'ordre du jour de la session en se fondant sur l'ordre du jour provisoire.

2.   La Commission peut, si besoin est, modifier l'ordre du jour, à condition de ne supprimer ni modifier aucun point inscrit à la demande de l'Assemblée ou du Conseil.

III. ÉLECTIONS ET FONCTIONS DE LA COMMISSION

Élections

Article 9

Les membres de la Commission sont élus par l'Assemblée conformément à la Convention, à l'Accord et au Règlement intérieur de l'Assemblée.

Incompatibilité et obligation de discrétion

Article 10

Les membres de la Commission ne doivent avoir d'intérêt financier dans aucune activité touchant des questions sur lesquelles la Commission est chargée de faire des recommandations. Ils ne doivent divulguer, même après qu'ils ont cessé leurs fonctions, aucune information confidentielle dont ils ont eu connaissance en raison de leurs fonctions pour l'Autorité.

Fonctions

Article 11

La Commission aide l'Assemblée et le Conseil dans la gestion financière de l'Autorité en leur donnant des conseils sur les questions ayant des incidences financières ou budgétaires et, notamment, présente des recommandations sur les questions suivantes :

a)   Les projets de règles, règlements et procédures applicables en matière financière aux organes de l'Autorité ainsi que la gestion financière et l'administration financière interne de l'Autorité;

b)   Le calcul des contributions des membres au budget d'administration de l'Autorité conformément à l'article 160, paragraphe 2, lettre e) de la Convention;

c)   Toutes les questions financières pertinentes, y compris le projet de budget annuel établi par le Secrétaire général de l'Autorité conformément à l'article 172 de la Convention, ainsi que les aspects financiers de l'exécution des programmes de travail du Secrétariat;

d)   Le budget d'administration;

e)   Les obligations financières découlant pour les États Parties de l'application de l'Accord et de la partie XI de la Convention ainsi que les incidences administratives et budgétaires des propositions et des recommandations entraînant des dépenses devant être financées au moyen des ressources de l'Autorité;

f)   Les règles, règlements et procédures applicables au partage équitable des avantages financiers et autres avantages économiques tirés des activités menées dans la Zone ainsi que les décisions à prendre à ce sujet.

IV. BUREAU

Élection du Président et du Vice-Président et durée de leur mandat

Article 12

1.   Chaque année à sa première séance, la Commission élit un président et un vice-président parmi ses membres.

2.   Le Président et le Vice-Président sont élus pour un mandat d'un an. Ils exercent leurs fonctions jusqu'à ce que leurs successeurs soient élus. Ils sont rééligibles.

Président par intérim

Article 13

1. En l'absence du Président, le Vice-Président le remplace.
2. Si, en application de l'article 17, le Président cesse d'exercer ses fonctions, le Vice-Président le remplace jusqu'à ce qu'un nouveau président ait été élu.

Pouvoirs du Président par intérim

Article 14

Un Vice-Président agissant en qualité de président a les mêmes pouvoirs et les mêmes obligations que le Président.

Rapporteur

Article 15

La Commission peut, si besoin est, nommer un de ses membres rapporteur pour une question déterminée.

Pouvoirs généraux du Président

Article 16

1. Dans l'exercice de ses fonctions, le Président demeure sous l'autorité de la Commission.
2. Outre qu'il exerce les pouvoirs qui lui sont conférés par d'autres dispositions du présent Règlement, le Président prononce l'ouverture et la clôture de chaque séance de la Commission, dirige les débats, veille à faire respecter le présent Règlement, donne la parole, met les questions aux voix et annonce les décisions. Il statue sur les motions d'ordre et, sous réserve des dispositions du présent Règlement, règle entièrement les débats à chaque séance et y assure le maintien de l'ordre. Le Président peut proposer à la Commission, au cours de la discussion d'une question, la limitation du temps de parole, la limitation du nombre d'interventions de chaque membre, la clôture de la liste des orateurs ou la clôture des débats. Il peut également proposer la suspension ou l'ajournement de la séance ou l'ajournement du débat sur la question en discussion.
3. Le Président représente la Commission à l'Assemblée et au Conseil.

Remplacement du Président ou du Vice-Président

Article 17

Si le Président ou le Vice-Président se trouve dans l'impossibilité de s'acquitter de ses fonctions ou n'est plus membre de la Commission, il cesse d'exercer ses fonctions et un nouveau président ou vice-président est élu pour la durée du mandat restant à courir.

V. SECRÉTARIAT

Fonctions du Secrétaire général

Article 18

1.   Le Secrétaire général agit en cette qualité à toutes les réunions de la Commission. Il peut désigner un membre du Secrétariat pour le représenter. Il s'acquitte de toute autre fonction que la Commission peut lui confier.

2.   Le Secrétaire général fournit et dirige le personnel nécessaire à la Commission, en tenant compte dans toute la mesure possible des impératifs d'économie et d'efficacité, et est chargé de prendre toutes les dispositions voulues pour les réunions de la Commission.

3.   Le Secrétaire général tient les membres de la Commission informés de toute question dont la Commission pourrait être saisie pour examen.

4.   Le Secrétaire général fournit à la Commission les informations et les rapports que celle-ci lui demande sur certaines questions.

Fonctions du Secrétariat

Article 19

Le Secrétariat est chargé de recevoir, de traduire, de reproduire et de distribuer les recommandations, les rapports et les autres documents de la Commission; d'assurer l'interprétation des interventions faites au cours des séances; de rédiger et de distribuer, s'il en est ainsi décidé, les comptes rendus de la session, de garder et de conserver sous la forme qui convient les documents dans les archives de la Commission et, d'une manière générale, d'exécuter toutes autres tâches que la Commission peut lui confier.

VI. CONDUITE DES DÉBATS

Conduite des débats

Article 20

La conduite des débats de la Commission est régie par la pratique générale telle qu'exposée dans le chapitre XII du Règlement intérieur de l'Assemblée.

VII. PRISE DES DÉCISIONS

Droit de vote

Article 21

Chaque membre de la Commission, y compris le Président, dispose d'une voix.

Prise des décisions

Article 22

1.   En règle générale, la Commission s'efforce de prendre ses décisions par consensus. Si, après avoir fait tous les efforts possibles, la Commission ne peut

aboutir à une décision par consensus, les décisions mises aux voix sur les questions de procédure sont prises à la majorité des membres présents et votants.

2. Les décisions sur les questions de fond sont prises par consensus.

Sens de l'expression « membres présents et votants »

Article 23

Aux fins du présent Règlement, l'expression « membres présents et votants » s'entend des membres votant pour ou contre. Les membres qui s'abstiennent de voter sont considérés comme non votants.

Règles à observer pendant le vote

Article 24

La Commission applique *mutatis mutandis* les règles à observer pendant le vote énoncées aux articles 66 à 71 du Règlement intérieur de l'Assemblée.

Élections

Article 25

Toutes les élections à la Commission ont lieu au scrutin secret.

Conduite des élections

Article 26

La Commission applique *mutatis mutandis* les règles relatives aux élections énoncées aux articles 73 à 75 du Règlement intérieur de l'Assemblée.

VIII. LANGUES

Langues de la Commission

Article 27

L'anglais, l'arabe, le chinois, l'espagnol, le français et le russe sont les langues de la Commission.

Interprétation

Article 28

Les discours prononcés dans l'une quelconque des six langues de la Commission sont interprétés dans les cinq autres langues.

Autres langues

Article 29

Tout membre peut prendre la parole dans une langue autre que les langues de la Commission. Dans ce cas, il assure l'interprétation dans l'une des langues de la Commission. Les interprètes du Secrétariat peuvent prendre pour base de leur interprétation dans les autres langues de la Commission celle qui aura été faite dans la première de ces langues.

Langues à utiliser pour les recommandations et les documents

Article 30

Toutes les recommandations et les autres documents de la Commission sont publiés dans les langues de la Commission.

IX. SÉANCES

Séances publiques et privées

Article 31

1.   Les séances de la Commission sont privées, à moins que la Commission n'en décide autrement.

2.   À la fin d'une séance privée de la Commission, le Président peut, si la Commission en décide ainsi, faire publier un communiqué par l'intermédiaire du Secrétaire général.

COMMENTAIRE

Le projet de règlement intérieur de la Commission des finances établi par la Commission préparatoire (LOS/PCN/WP.45/Rev.2) étant antérieur à l'Accord de 1994, il était nécessaire de le modifier en profondeur. Après l'élection de la première Commission des finances en 1996, un projet révisé a été établi par le secrétariat (ISBA/4/F/WP.1 et ISBA/4/FC/WP.2) et examiné par la Commission des finances lors des réunions qu'elle a tenues pendant les troisième (1997), quatrième (1998) et cinquième (1999) sessions de l'Autorité. La Commission a adopté son règlement intérieur le 20 août 1999.

DOCUMENTATION

- COMMISSION PRÉPARATOIRE
LOS/PCN/WP.45/Rev.2, Commission des finances, reproduit dans : LOS/
    PCN/153, Vol. V, p. 86-90.
- AIFM
ISBA/4/A/11, Rapport du Secrétaire général de l'Autorité internationale
    des fonds marins présenté en application de l'article 166, paragraphe
    4, de la Convention des Nations Unies sur le droit de la mer, para.
    57, (*Sélection de décisions 4*, 63).

ISBA/5/A/1 et Corr. 1, Rapport du Secrétaire général de l'Autorité internationale des fonds marins présenté en application de l'article 166, paragraphe 4, de la Convention des Nations Unies sur le droit de la mer, para. 52, (*Sélection de décisions 5*, 11).

ISBA/5/A/8-ISBA/5/C/7, Projet de budget de l'Autorité internationale des fonds marins pour 2000 et questions connexes. Rapport de la Commission des finances, para. 10, (*Sélection de décisions 5*, 21).

ISBA/F/WP.1, Projet de règlement intérieur de la Commission des finances.

ISBA/4/FC/WP.2, Projet de règlement intérieur de la Commission des finances.

ISBA/5/FC/1, Règlement intérieur de la Commission des finances.

RÈGLES DE FONCTIONNEMENT DE LA COMMISSION JURIDIQUE ET TECHNIQUE

RÈGLEMENT INTÉRIEUR DE LA COMMISSION JURIDIQUE ET TECHNIQUE

Table des matières

NOTE LIMINAIRE

1. Le 28 juillet 1994, l'Assemblée générale des Nations Unies a adopté l'Accord relatif à l'application de la partie XI de la Convention des Nations Unies sur le droit de la mer du 10 décembre 1982 (ci-après dénommé « l'Accord »). L'Accord, appliqué à titre provisoire depuis le 16 novembre 1994, est entré en vigueur le 28 juillet 1996.

2. Selon l'Accord, ses dispositions et celles de la partie XI de la Convention des Nations Unies sur le droit de la mer doivent être interprétées et appliquées comme un seul et même instrument. Le présent Règlement et les dispositions à la Convention auxquelles il fait référence doivent être interprétés et appliqués en conséquence.

3. La Commission juridique et technique, établie en vertu de l'article 163 de la Convention, fonctionne conformément aux dispositions de la Convention et de l'Accord.

I. SESSIONS

Fréquence des sessions

Article premier

La Commission juridique et technique (ci-après dénommée « la Commission ») se réunit aussi souvent que nécessaire, y compris dans le cadre de sessions d'urgence, pour s'acquitter efficacement de ses fonctions, compte tenu de l'impératif d'efficacité par rapport au coût.

Lieu des sessions

Article 2

La Commission se réunit normalement au siège de l'Autorité. Lorsque les circonstances le justifient ou que ses travaux l'exigent, la Commission peut, après consultation du Secrétaire général et compte tenu du paragraphe 2 de la section 1 de l'annexe à l'Accord, décider de se réunir ailleurs.

Convocation des sessions

Article 3

Compte tenu des dispositions de l'article premier, la Commission se réunit à la demande :

a) Du Conseil;

b) De la majorité des membres de la Commission;

c) Du Président de la Commission; ou

d) Du Secrétaire général.

Notification aux membres

Article 4

Le Secrétaire général avise les membres de la Commission et les membres de l'Autorité aussitôt que possible de la date et de la durée de chaque session, en leur demandant de confirmer leur participation à celle-ci.

Interruption temporaire des sessions

Article 5

La Commission peut décider d'interrompre temporairement toute session et de la reprendre à une date ultérieure.

Séances

Article 6

Les séances de la Commission sont privées à moins que celle-ci n'en décide autrement. La Commission tient compte de l'opportunité de prévoir des séances publiques pour examiner des questions présentant un intérêt général pour les membres de l'Autorité et n'impliquant pas l'examen de renseignements confidentiels.

II. ORDRE DU JOUR

Communication de l'ordre du jour provisoire

Article 7

L'ordre du jour provisoire de chaque session est établi par le Secrétaire général et communiqué aux membres de la Commission et aux membres de l'Autorité aussitôt que possible, mais trente jours au moins avant l'ouverture de la session. Toute modification ou addition ultérieure à l'ordre du jour provisoire est portée à la connaissance des membres de la Commission et des membres de l'Autorité suffisamment tôt avant la session.

Établissement de l'ordre du jour provisoire

Article 8

L'ordre du jour provisoire de chaque session comprend :
a)   Toutes les questions proposées par le Conseil;
b)   Toutes les questions proposées par la Commission;
c)   Toutes les questions proposées par le Président de la Commission;
d)   Toutes les questions proposées par tout membre de la Commission;
e)   Toutes les questions proposées par le Secrétaire général.

Adoption de l'ordre du jour

Article 9

Au début de chaque session, la Commission adopte l'ordre du jour de la session en se fondant sur l'ordre du jour provisoire. La Commission peut, si besoin est, modifier l'ordre du jour à tout moment au cours de la session.

III. ÉLECTIONS ET FONCTIONS

Élections

Article 10

Les membres de la Commission sont élus par le Conseil conformément à la Convention et au Règlement intérieur du Conseil.

Conflit d'intérêts

Article 11

1.   Les membres de la Commission ne doivent posséder d'intérêts financiers dans aucune des activités touchant l'exploration et l'exploitation dans la Zone.

2.   Avant d'entrer en fonctions, chaque membre de la Commission prend l'engagement écrit ci-après attesté par le Secrétaire général ou son représentant autorisé :

« Je m'engage solennellement à exercer mes fonctions de membre de la Commission juridique et technique dans le respect de l'honneur et en toute loyauté, impartialité et conscience.

Je déclare en outre solennellement que je ne possède pas d'intérêts financiers dans aucune des activités touchant l'exploration et l'exploitation dans la Zone. Sous réserve de mes obligations envers la Commission juridique et technique, je ne divulguerai, même après la cessation de mes fonctions, aucun secret industriel, aucune donnée qui est propriété industrielle et qui a été transférée à l'Autorité en application de la Convention et de l'Accord, ni aucun autre renseignement confidentiel dont j'ai connaissance à raison de mes fonctions pour le compte de l'Autorité.

Je révélerai au Secrétaire général et à la Commission tout intérêt que je pourrais avoir dans toute question à l'examen devant la Commission et qui pourrait constituer un conflit d'intérêts ou être incompatible avec l'intégrité et l'impartialité que l'on est en droit d'attendre d'un membre de la Commission et je m'abstiendrai de participer aux travaux de la Commission en relation avec une telle question. »

Obligation de discrétion

Article 12

1.   Sous réserve de leurs obligations envers la Commission, les membres de la Commission ne doivent divulguer, même après la cessation de leurs fonctions, aucun secret industriel, aucune donnée qui est propriété industrielle et qui a été transférée à l'Autorité en application de l'article 14 de l'annexe III de la Convention, ni aucun autre renseignement confidentiel dont ils ont connaissance à raison de leurs fonctions pour le compte de l'Autorité.

2.   La Commission recommande au Conseil, pour adoption, des procédures pour le traitement de données et de renseignements confidentiels dont ses membres ont connaissance à raison de leurs fonctions pour le compte de la Commission. Ces procédures trouvent à se fonder sur les dispositions pertinentes de la Convention, les règles, les règlements et les procédures de l'Autorité, ainsi que les procédures établies par le Secrétaire général conformément à ceux-ci afin de s'acquitter de son obligation de veiller à ce que ces données et ces renseignements demeurent confidentiels.

3.   Le devoir qu'ont les membres de la Commission de ne pas révéler des renseignements confidentiels constitue une obligation pour chaque membre et le

demeure après que les fonctions qu'il exerce pour le compte de la Commission sont arrivées à leur terme ou qu'il y a été mis fin.

Mise en application des règles ayant trait aux conflits d'intérêts et à l'obligation de discrétion

Article 13

1. Le Secrétaire général fournit à la Commission et au Conseil toute l'assistance nécessaire pour faire respecter les règles ayant trait aux conflits d'intérêts et à l'obligation de discrétion.

2. Lorsqu'il est allégué qu'un membre de la Commission a violé les obligations ayant trait aux conflits d'intérêts et au devoir de discrétion, le Conseil peut établir des procédures appropriées et fait connaître ses conclusions et recommandations.

Exercice des fonctions

Article 14

La Commission exerce ses fonctions conformément au présent Règlement et aux principes que le Conseil peut juger bon d'adopter.

Consultations

Article 15

Dans l'exercice de ses fonctions, la Commission consulte, le cas échéant, une autre commission ou tout organe compétent de l'Organisation des Nations Unies ou de ses institutions spécialisées ou toute autre organisation internationale ayant compétence dans le domaine considéré.

IV. BUREAU

Élection et mandat du Président

Article 16

1. Chaque année, à sa première séance, la Commission élit un Président et un Vice-Président parmi ses membres.

2. Le Président et le Vice-Président sont élus pour un mandat d'un an et sont rééligibles.

Président par intérim

Article 17

En l'absence du Président, le Vice-Président remplace le Président. Si, conformément à l'article 18, le Président cesse d'exercer ses fonctions, le Vice-Président le remplace jusqu'à ce qu'un nouveau Président ait été élu.

Remplacement du Président

Article 18

Si le Président se trouve dans l'impossibilité de s'acquitter de ses fonctions ou cesse d'être membre de la Commission, un nouveau Président est élu pour la durée du mandat qui reste à courir.

Fonctions du Président

Article 19

1.   Le Président préside les séances de la Commission conformément à l'article 29 du présent Règlement.

2.   Le Président ou tout autre membre désigné par la Commission représente la Commission au Conseil en cette qualité et, à l'invitation du Conseil, assiste aux réunions du Conseil et répond aux questions lorsqu'un sujet particulièrement pertinent ou complexe en rapport avec les travaux de la Commission est en cours d'examen par le Conseil.

3.   L'assistance à de telles réunions n'empêche pas la tenue de séances simultanées du Conseil et de la Commission.

Exercice des fonctions de Président

Article 20

Le Président, dans l'exercice de ses fonctions et de ses attributions, conformément aux articles 19 et 29, demeure sous l'autorité de la Commission.

V. SECRÉTARIAT

Fonctions du Secrétaire général

Article 21

1.   Le Secrétaire général agit en cette qualité à toutes les réunions de la Commission. Le Secrétaire général peut désigner un membre du secrétariat pour le représenter. Le Secrétaire général exerce toutes autres fonctions administratives que la Commission peut lui demander d'exercer.

2.   Le Secrétaire général fournit et dirige le personnel nécessaire à la Commission, en tenant compte dans toute la mesure du possible des impératifs d'économie et d'efficacité, et prend toutes les dispositions nécessaires aux réunions de la Commission.

3.   Le Secrétaire général tient les membres de la Commission informés de toute question examinée par d'autres organes de l'Autorité qui est susceptible de présenter un intérêt pour la Commission.

4.   Le Secrétaire général présente à la Commission, sur sa demande, des rapports sur les questions spécifiées par cette dernière.

Fonctions du secrétariat

Article 22

Le secrétariat reçoit, traduit, reproduit et distribue les recommandations, rapports et autres documents de la Commission; assure l'interprétation des discours prononcés au cours des séances; établit et fait distribuer les comptes rendus de la session si la Commission en décide ainsi conformément à l'article 23; assure la garde et la conservation des documents dans les archives de la Commission et, de manière générale, exerce toutes autres fonctions administratives que la Commission peut lui confier.

Comptes rendus et enregistrements sonores des séances

Article 23

1. La Commission peut décider de faire établir des comptes rendus analytiques de ses séances, mais toutes les décisions prises par la Commission sont dûment consignées dans les comptes rendus publiés de la Commission. En règle générale, ces comptes rendus sont aussitôt que possible distribués à tous les membres de la Commission, qui informent le secrétariat, dans un délai de cinq jours ouvrables à compter du jour de la distribution du compte rendu, de toute modification qu'ils désirent y voir apporter.

2. Le secrétariat établit des enregistrements sonores des séances de la Commission lorsque celle-ci en décide ainsi.

VI. LANGUES

Langues de la Commission

Article 24

L'anglais, l'arabe, le chinois, l'espagnol, le français et le russe sont les langues de la Commission.

Interprétation

Article 25

Les interventions faites dans l'une quelconque des six langues de la Commission sont interprétées dans les cinq autres langues.

Interprétation à partir d'une langue autre que les langues de la Commission

Article 26

Chaque membre peut intervenir dans une langue autre que les langues de la Commission. Dans ce cas, il fournit lui-même une interprétation dans une des langues de la Commission. L'interprétation faite dans les autres langues de la Commission par les interprètes du Secrétariat peut se faire sur la base de l'interprétation assurée dans la première de ces langues.

Langues utilisées dans les recommandations et dans les rapports

Article 27

Toutes les recommandations et tous les rapports de la Commission sont publiés dans les langues de la Commission.

VII. CONDUITE DES DÉBATS

Quorum

Article 28

Le quorum est constitué de la majorité des membres de la Commission.

Pouvoirs du Président

Article 29

Outre l'exercice des pouvoirs qui lui sont conférés en vertu d'autres dispositions du présent Règlement, le Président prononce l'ouverture et la clôture de chaque séance de la Commission, dirige les débats, assure l'application du présent Règlement, donne la parole, met les questions aux voix et proclame les décisions. Le Président statue sur les motions d'ordre et, sous réserve des dispositions du présent Règlement, règle entièrement les débats à chaque séance et y assure le maintien de l'ordre. Le Président peut proposer à la Commission, au cours de la discussion d'une question, la limitation du temps de parole, la limitation du nombre d'interventions de chaque membre, la clôture de la liste des orateurs ou la clôture des débats. Le Président peut également proposer la suspension ou l'ajournement de la séance ou l'ajournement du débat sur la question en discussion.

Interventions

Article 30

Le Président donne la parole aux orateurs dans l'ordre où ils l'ont demandée. Le Président peut rappeler à l'ordre un orateur dont les remarques n'ont pas trait au sujet en discussion.

Déclarations du Secrétariat

Article 31

Le Secrétaire général, ou un membre du Secrétariat désigné par le Secrétaire général comme son représentant, peut, à tout moment, faire des déclarations orales ou écrites à la Commission sur toute question soumise à l'examen de celle-ci.

Motions d'ordre

Article 32

Au cours de la discussion d'une question quelconque, tout membre peut présenter une motion d'ordre et le Président statue immédiatement sur cette motion conformément au présent Règlement. Tout membre peut en appeler de la décision du Président. L'appel est immédiatement mis aux voix et, s'il n'est pas approuvé par la majorité des membres présents et votants, la décision du Président est maintenue. Un membre qui présente une motion d'ordre ne peut, dans son intervention, traiter du fond de la question en discussion.

Limitation du temps de parole

Article 33

La Commission peut limiter le temps de parole de chaque orateur et le nombre des interventions de chaque membre sur toute question. Avant qu'une décision n'intervienne, deux membres peuvent prendre la parole en faveur d'une proposition tendant à fixer de telles limites, et deux contre. Lorsque les débats sont limités et qu'un membre dépasse le temps qui lui est alloué, le Président le rappelle immédiatement à l'ordre.

Clôture de la liste des orateurs

Article 34

Au cours d'un débat, le Président peut donner lecture de la liste des orateurs et, avec l'assentiment de la Commission, déclarer cette liste close. Il peut cependant accorder le droit de réponse à un membre lorsqu'un discours prononcé après la clôture de la liste des orateurs rend cette décision opportune.

Ajournement du débat

Article 35

Au cours de la discussion d'une question, tout membre peut demander l'ajournement du débat sur la question en discussion. Outre l'auteur de la motion, deux membres peuvent prendre la parole en faveur de l'ajournement, et deux contre, après quoi la motion est immédiatement mise aux voix. Le Président peut limiter le temps de parole accordé aux orateurs en vertu du présent article.

Clôture du débat

Article 36

À tout moment, un membre peut demander la clôture du débat sur la question en discussion, même si d'autres membres ont manifesté le désir de prendre la parole. L'autorisation de prendre la parole au sujet de la clôture du débat n'est accordée qu'à deux membres opposés à la clôture, après quoi la motion est immédiatement mise aux voix. Si la Commission approuve la motion, le Président prononce la clôture du débat. Le Président peut limiter le temps de parole accordé aux membres en vertu du présent article.

Suspension ou ajournement de la séance

Article 37

Pendant la discussion d'une question quelconque, tout membre peut demander la suspension ou l'ajournement de la séance. Les motions en ce sens ne sont pas discutées, mais sont immédiatement mises aux voix. Le Président peut limiter la durée de l'intervention de l'orateur qui propose la suspension ou l'ajournement de la séance.

Ordre des motions de procédure

Article 38

Sous réserve des dispositions de l'article 32, les motions suivantes ont priorité, dans l'ordre indiqué ci-après, sur toutes les autres propositions ou motions présentées :

a) Suspension de la séance;

b) Ajournement de la séance;

c) Ajournement du débat sur le point en discussion;

d) Clôture du débat sur le point en discussion.

Propositions et amendements

Article 39

Les propositions et amendements sont normalement présentés par écrit au Secrétaire général, qui en assure la distribution aux membres de la Commission. En règle générale, aucune proposition n'est discutée ni mise aux voix à une séance de la Commission si le texte n'en a pas été distribué à tous les membres au plus tard vingt-quatre heures avant la séance. Le Président peut cependant autoriser la discussion et l'examen d'amendements ou de motions de procédure même si ces amendements et motions n'ont pas été distribués ou ne l'ont été que le jour même.

Décision sur la compétence

Article 40

Sous réserve des dispositions de l'article 38, toute motion tendant à ce qu'il soit statué sur la compétence de la Commission d'adopter une proposition qui lui est soumise est mise aux voix avant qu'il soit statué sur la proposition en cause.

Retrait des propositions et des motions

Article 41

Une proposition ou une motion qui n'a pas encore été mise aux voix peut, à tout moment, être retirée par son auteur, à condition qu'elle n'ait pas fait l'objet d'un amendement. Une proposition ou une motion qui est ainsi retirée peut être présentée à nouveau par tout membre.

Nouvel examen des propositions

Article 42

Lorsqu'une proposition est adoptée ou rejetée, elle ne peut être examinée à nouveau au cours de la même session, sauf décision contraire de la Commission prise à la majorité des deux tiers des membres présents et votants. L'autorisation de prendre la parole à l'occasion d'une motion tendant à un nouvel examen n'est accordée qu'à deux orateurs opposés à la motion, après quoi elle est immédiatement mise aux voix.

VIII. PRISE DES DÉCISIONS

Droits de vote

Article 43

Chaque membre de la Commission a une voix.

Prise de décisions par consensus et par vote

Article 44

1. En règle générale, la Commission s'efforce de prendre ses décisions par consensus.
2. Si tous les efforts pour aboutir à une décision par consensus ont été vains, les décisions sont mises aux voix et prises à la majorité des membres présents et votants.
3. Aux fins du présent article, on entend par « consensus » l'absence de toute objection formelle.

Sens de l'expression « membres présents et votants »

Article 45

Aux fins du présent Règlement, l'expression « membres présents et votants » s'entend des membres présents à la séance et votant pour ou contre. Les membres qui s'abstiennent de voter sont considérés comme non votants.

Recommandations au Conseil

Article 46

Les recommandations adressées au Conseil sont accompagnées, le cas échéant, d'un exposé succinct des divergences qui sont apparues au sein de la Commission.

Modalités de vote

Article 47

1. Lorsqu'elle ne dispose pas d'un dispositif mécanique de vote, la Commission vote normalement à main levée, mais tout membre peut demander le vote par appel nominal. L'appel est fait dans l'ordre alphabétique anglais des noms

des membres participant à la session en commençant par le membre dont le nom est tiré au sort par le Président. Dans le vote par appel nominal, on appelle chaque membre et le membre répond « oui », « non » ou « abstention ». Les résultats du vote sont consignés au compte rendu, suivant l'ordre alphabétique anglais des noms des membres.

2.   Lorsque la Commission vote à l'aide d'un dispositif mécanique, un vote non enregistré remplace un vote à main levée et un vote enregistré remplace un vote par appel nominal. Tout membre peut demander un vote enregistré. Dans le cas d'un vote enregistré, il n'est pas procédé, à moins qu'un membre n'en fasse la demande, à l'appel des noms des membres; toutefois, les résultats du vote sont consignés au compte rendu de la même manière que les résultats d'un vote par appel nominal.

Règles à observer pendant le vote

Article 48

Lorsque le Président a annoncé que le vote a commencé, aucun membre ne peut interrompre le vote, si ce n'est pour présenter une motion d'ordre ayant trait à la manière dont s'effectue le vote.

Explications de vote

Article 49

Les membres peuvent faire de brèves déclarations, à seule fin d'expliquer leur vote, avant le début du vote ou une fois le vote terminé. Le membre qui est l'auteur d'une proposition ou d'une motion ne peut pas expliquer son vote sur celle-ci, sauf si elle a été modifiée.

Division des propositions et amendements

Article 50

Tout membre peut demander que des parties d'une proposition ou d'un amendement soient mises aux voix séparément. S'il est fait objection à la demande de division, la motion de division est mise aux voix. L'autorisation de prendre la parole au sujet de la motion de division n'est accordée qu'à deux orateurs pour et deux orateurs contre. Si la motion de division est acceptée, les parties de la proposition ou de l'amendement qui ont été adoptées sont ensuite mises aux voix en bloc. Si toutes les parties du dispositif d'une proposition ou d'un amendement ont été rejetées, la proposition ou l'amendement est considéré comme rejeté dans son ensemble.

Ordre du vote sur les amendements

Article 51

Lorsqu'une proposition fait l'objet d'un amendement, l'amendement est mis aux voix en premier lieu. Si une proposition fait l'objet de deux ou plusieurs amendements, la Commission vote d'abord sur celui qui s'éloigne le plus, quant au fond, de la proposition primitive. Elle vote ensuite sur l'amendement qui, après celui-ci, s'éloigne le plus de ladite proposition, et ainsi de suite jusqu'à ce que tous les amendements aient été mis aux voix. Toutefois, lorsque l'adoption d'un amendement implique nécessairement le rejet d'un autre amendement, ce dernier n'est pas mis aux voix. Si un ou plusieurs amendements sont adoptés, la Commission vote ensuite sur la proposition modifiée. Une motion est considérée comme un amendement à une proposition si elle comporte simplement une addition, une suppression ou une modification intéressant une partie de ladite proposition.

Ordre du vote sur les propositions

Article 52

Si la même question fait l'objet de deux ou plusieurs propositions, la Commission, à moins qu'elle n'en décide autrement, vote sur ces propositions selon l'ordre dans lequel elles ont été présentées. La Commission peut, après chaque vote sur une proposition, décider si elle votera ou non sur la proposition suivante.

IX. PARTICIPATION DE NON-MEMBRES DE LA COMMISSION

Participation des membres de l'Autorité et d'entités qui mènent des activités dans la Zone

Article 53

1.   Tout membre de l'Autorité peut, avec l'autorisation de la Commission, se faire représenter à une séance de la Commission lorsque celle-ci examine une question qui le concerne particulièrement. Pour faciliter les travaux de la Commission, le représentant de ce membre est autorisé à exprimer ses vues sur la question examinée par la Commission.

2.   La Commission peut inviter tout État ou toute entité menant des activités dans la Zone, aux fins de consultation et de collaboration, lorsqu'elle le juge bon.

3.   À la demande d'un membre de l'Autorité ou d'une autre partie intéressée, les membres de la Commission sont accompagnés d'un représentant dudit membre ou de ladite partie lorsqu'ils exercent leurs fonctions de surveillance et d'inspection.

4.   Tout membre de l'Autorité peut demander au Secrétaire général de convoquer une séance de la Commission en vue d'examiner une question qui intéresse particulièrement ce membre parce qu'elle a trait à une situation d'urgence présentant un danger pour l'environnement. Le Secrétaire général convoque la Commission qui examine sans délai la question et rend compte dès que possible au Conseil en lui présentant ses conclusions et recommandations. Tout membre que cette question intéresse a le droit de se faire représenter à la séance de la Commission pour exprimer ses vues sur la question sans participer à la prise de décisions, encore que la Commission puisse décider de limiter cette présence lorsque l'examen porte sur des informations confidentielles.

Entrée en vigueur

Article 54

Le présent Règlement intérieur entre en vigueur à la date de son approbation par le Conseil.

COMMENTAIRE

La Commission préparatoire avait établi un projet de règlement intérieur de la Commission juridique et technique (LOS/PCN/WP.31/Rev.3). Mais, comme ce fut le cas pour d'autres organes de l'Autorité, il fallait y apporter des modifications pour l'harmoniser avec les dispositions de l'Accord.

Après l'élection de la première Commission juridique et technique en 1996, le secrétariat a soumis un projet de règlement intérieur révisé (ISBA/3/LTC/WP.3) à la Commission. Après avoir examiné ce projet à la reprise de la quatrième session de l'Autorité (août 1998), la Commission a adopté, le 26 août 1998, un texte révisé officieux qui a été soumis au Conseil pour approbation à la cinquième session de l'Autorité, conformément au paragraphe 10 de l'article 163 de la Convention.

Au cours de sa cinquième session (1999), le Conseil a examiné le projet de règlement intérieur de la Commission juridique et technique proposé (ISBA/5/C/L.1). Après une analyse approfondie du projet de règlement, le secrétariat a établi un texte révisé devant faire l'objet d'un nouvel examen de la part du Conseil (ISBA/5/C/L.1/Rev.1). À sa cinquante-huitième séance, le 26 août 1999, le Conseil a approuvé le règlement intérieur figurant dans le document ISBA/5/C/L.1/Rev.2, à l'exception des articles 6 (séances) et 53 (participation des membres de l'Autorité et des entités qui mènent des activités dans la Zone), qui seraient examinés de manière approfondie à la sixième session de l'Autorité.

À la sixième session (2000), à l'issue des débats sur les questions en suspens concernant ces articles, un texte révisé du règlement a été établi (ISBA/6/C/L.4). À sa soixante-huitième séance, le 13 juillet 2000, le Conseil a approuvé le règlement intérieur de la Commission juridique et technique, tel qu'il figure dans le document ISBA/6/C/9.

DOCUMENTATION

- COMMISSION PRÉPARATOIRE

LOS/PCN/WP.31/Rev.3, Projet final de règlement intérieur de la Commission juridique et technique, reproduit dans : LOS/PCN/153, Vol. V, pp. 55-70.

- AIFM

ISBA/4/A/11, Rapport du Secrétaire général de l'Autorité internationale des fonds marins présenté en application de l'article 166, paragraphe 4, de la Convention des Nations Unies sur le droit de la mer, para. 57, (*Sélection de décisions 4*, 63).

ISBA/5/A/1 et Corr. 1, Rapport du Secrétaire général de l'Autorité internationale des fonds marins présenté en application de l'article 166, paragraphe 4, de la Convention des Nations Unies sur le droit de la mer, para. 52, (*Sélection de décisions 5*, 11).

ISBA/6/A/9, Rapport du Secrétaire général de l'Autorité internationale des fonds marins présenté en application de l'article 166, paragraphe 4, de la Convention des Nations Unies sur le droit de la mer, para. 5, (*Sélection de décisions 6*, 13).

ISBA/4/C/14, Déclaration du Président sur les travaux du Conseil durant la reprise de sa quatrième session, para. 7, (*Sélection de décisions 4*, 76).

ISBA/5/C/L.1, Projet de règlement intérieur de la Commission juridique et technique. Proposé par la Commission juridique et technique.

ISBA/5/C/L.1/Rev.1, Projet révisé de règlement intérieur de la Commission juridique et technique. Proposé par la Commission juridique et technique.

ISBA/5/C/L.1/Rev.2, Projet révisé de règlement intérieur de la Commission juridique et technique. Proposé par la Commission juridique et technique.

ISBA/5/C/11, Déclaration du Président sur les travaux du Conseil à la cinquième session, para. 15, (*Sélection de décisions 5*, 51).

ISBA/6/C/3, Déclaration du Président sur les travaux du Conseil à sa sixième session, paras. 6 et 8, (*Sélection de décisions 6*, 72).

ISBA/6/C/9, Décision du Conseil de l'Autorité concernant le règlement intérieur de la Commission juridique et technique, (*Sélection de décisions 6*, 74-84).

ISBA/6/C/13, Déclaration du Président sur les travaux du Conseil à la reprise de la sixième session, para. 4, (*Sélection de décisions 6*, 88).

ISBA/6/C/L.4, Projet de décision du Conseil de l'Autorité concernant le règlement intérieur de la Commission juridique et technique.

ISBA/3/LTC/WP.3, Projet de règlement intérieur de la Commission juridique et technique.

DÉCISION DU CONSEIL DE L'AUTORITÉ INTERNATIONALE DES FONDS MARINS RELATIVE À LA TAILLE ET À LA COMPOSITION DE LA COMMISSION JURIDIQUE ET TECHNIQUE ET À LA PROCÉDURE À SUIVRE POUR LES FUTURES ÉLECTIONS[1]

Le Conseil de l'Autorité internationale des fonds marins,

Rappelant les dispositions de l'article 163 de la Convention des Nations Unies sur le droit de la mer, qui stipulent notamment que la Commission juridique et technique est composée de 15 membres, élus par le Conseil parmi les candidats présentés par les États parties, mais que le Conseil peut néanmoins, si besoin est, décider d'en élargir la composition en tenant dûment compte des impératifs d'économie et d'efficacité,

Rappelant également les dispositions du paragraphe 1 de l'article 165 de la Convention, aux termes duquel les membres de la Commission juridique et technique doivent posséder les qualifications voulues, notamment en matière d'exploration, d'exploitation et de traitement des ressources minérales, d'océanologie et de protection du milieu marin ou en ce qui concerne les questions économiques ou juridiques relatives aux activités minières en mer, ou dans d'autres domaines connexes,

1. *Décide* que la procédure à suivre pour les futures élections à la Commission juridique et technique sera la suivante :

    a)   Au moins six mois avant l'ouverture de la session de l'Autorité internationale des fonds marins durant laquelle l'élection doit avoir lieu, le Secrétaire général invite par écrit tous les membres de l'Autorité à proposer des candidatures pour l'élection à la Commission;

    b)   Les candidatures pour l'élection à la Commission sont accompagnées d'un exposé des qualifications ou curriculum vitae décrivant la formation et l'expérience professionnelle du candidat dans les domaines intéressant les travaux de la Commission et doivent être reçues au moins trois mois

---

[1]   ISBA/13/C/6.

avant l'ouverture de la session pertinente de l'Autorité; les candidatures reçues moins de trois mois avant l'ouverture de la session pertinente de l'Autorité ne seront pas acceptées;

c) Le Secrétaire général établit une liste, présentée dans l'ordre alphabétique, des personnes désignées pour l'élection à la Commission conformément au paragraphe a) ci-dessus, indiquant le membre de l'Autorité chargé d'examiner les candidatures, et accompagnée d'une annexe contenant les exposés des qualifications ou curriculum vitae soumis conformément au paragraphe b) ci-dessus; cette liste est diffusée à tous les membres de l'Autorité au moins deux mois avant l'ouverture de la session au cours de laquelle l'élection doit avoir lieu;

2. *Prie* le Secrétaire général d'élaborer, en tenant compte du point de vue des présidents de la Commission juridique et technique, un rapport sur le fonctionnement de la Commission, qui sera examiné en 2010 par le Conseil afin que celui-ci convienne du nombre de membres de la Commission à élire en 2011.

COMMENTAIRE

Selon la procédure en vigueur lors des élections ordinaires des membres de la Commission tenues en 1996, 2001 et 2006, le Conseil a approuvé toutes les candidatures qui avaient été soumises. Cependant, les soumissions tardives ont compliqué l'évaluation des candidats par le Conseil. Lors de la seconde élection de la Commission en 2001, le Conseil a demandé que les désignations soient soumises au Secrétaire général au plus tard deux mois avant l'ouverture de la session à laquelle l'élection aurait lieu, afin de laisser suffisamment de temps au Conseil pour les examiner. La même procédure a été suivie pour l'élection tenue en 2006. Malgré la demande du Conseil, de nombreuses désignations ont été reçues moins de deux mois avant la date de l'élection. Toutefois, en l'absence d'une décision catégorique du Conseil quant à la date limite des dépôts de candidature, le Secrétaire général a considéré qu'il n'avait pas le pouvoir discrétionnaire de rejeter les soumissions tardives. À la suite de l'élection de 2006, le Conseil a demandé au Secrétaire général de préparer, pour examen en 2007, une note sur la taille et la composition futures de la Commission juridique et technique et sur la procédure à suivre pour les futures élections.

Durant la treizième session de l'Autorité tenue en 2007, le Conseil a pris acte de la note en question, dans laquelle il lui était recommandé d'envisager l'adoption de directives claires pour la conduite des élections, sur le modèle des dispositions pertinentes concernant le processus d'élection des juges énoncées dans le Statut du Tribunal international du droit de la mer. Le 18 juillet 2007, le Conseil est convenu qu'il était nécessaire de rationaliser la procédure des élections futures afin d'éviter certaines des difficultés qui s'étaient présentées lors des élections passées. Le Conseil est convenu d'une procédure pour la désignation des candidats aux élections futures et sa décision est contenue dans le document ISBA/13/C/6. Au moins six mois avant l'ouverture de la session durant laquelle l'élection doit avoir lieu, le Secrétaire général invite par écrit les membres de l'Autorité à présenter dans un délai de trois mois des candidatures accompagnées d'un curriculum vitae du candidat, précisant que les candidatures reçues tardivement ne seront pas acceptées. La liste des candidatures accompagnée des curriculum vitae est alors diffusée à tous les membres de l'Autorité au moins deux mois avant l'ouverture de la session au cours de laquelle l'élection doit avoir lieu.

À ses cent cinquante-deuxième et cent cinquante-troisième réunions, tenues les 29 et 30 avril 2010, le Conseil a rappelé sa décision ISBA/13/C/6 et décidé que la procédure simplifiée devait être appliquée strictement.

Le Conseil a eu pour la première fois l'occasion d'appliquer sa décision ISBA/13/C/6 à la dix-septième session, tenue en 2011, durant laquelle a eu lieu l'élection des membres de la Commission pour la période allant de 2012 à 2016. Les membres du Conseil ont regretté que certaines candidatures n'aient pas été présentées à temps. Néanmoins, le Conseil a relevé que le nombre total de candidats à l'élection ne dépassait pas 25, comme convenu en 2010. Les membres du Conseil ont souligné qu'il serait important, lors des élections futures, de suivre strictement les procédures convenues, telles qu'énoncées dans la décision ISBA/13/C/6.

DOCUMENTATION

- AIFM

ISBA/7/C/7, Déclaration du Président sur les travaux du Conseil à la septième session, para. 6, (*Sélection de décisions 7*, 37).

ISBA/11/C/11, Déclaration du Président sur les travaux du Conseil à la onzième session, para. 11, (S*élection de décisions 11*, 45).

ISBA12/C/11, Décision du Conseil concernant l'élection des membres de la Commission juridique et technique, (*Sélection de décisions 12*, 42-43).

ISBA/13/A/7, Déclaration du Président sur les travaux de l'Assemblée à la treizième session, para. 11, (*Sélection de décisions 13*, 30).

ISBA/13/C/2, Facteurs à prendre en considération en ce qui concerne la taille et la composition futures de la Commission juridique et technique ainsi que la procédure applicable aux élections futures.

ISBA/13/C/6, Décision du Conseil de l'Autorité internationale des fonds marins relative à la taille et à la composition de la Commission juridique et technique et à la procédure à suivre pour les futures élections, (*Sélection de décisions 13*, 41-42).

ISBA/13/C/7, Déclaration du Président sur les travaux du Conseil à la treizième session, paras. 7-8, (*Sélection de décisions 13*, 43).

ISBA/16/C/3, Facteurs à prendre en considération en ce qui concerne le fonctionnement de la Commission juridique et technique, (*Sélection de décisions 16*, 93-97).

ISBA/16/C/7, Rapport analytique du Président de la Commission juridique et technique sur les travaux de la Commission durant la seizième session, paras. 25-26, (*Sélection de décisions 16*, 121).

ISBA/16/C/14*, Déclaration du Président du Conseil de l'Autorité internationale des fonds marins sur les travaux du Conseil à la seizième session, paras. 11-13, (*Sélection de décisions 16*, 127-128).

ISBA/17/C/21*, Déclaration du Président du Conseil de l'Autorité internationale des fonds marins sur les travaux du Conseil à la dix-septième session, paras.17-19, (*Sélection de décisions 17*, 120).

B – RÈGLEMENT FINANCIER DE L'AUTORITÉ INTERNATIONALE DES FONDS MARINS

Table des matières

NOTE LIMINAIRE

La Convention des Nations Unies sur le droit de la mer est entrée en vigueur le 16 novembre 1994. Le 28 juillet 1994, l'Assemblée générale des Nations Unies a adopté l'Accord relatif à l'application de la partie XI de la Convention des Nations Unies sur le droit de la mer du 10 décembre 1982. L'Accord s'est appliqué provisoirement à compter du 16 novembre 1994; il est entré en vigueur le 28 juillet 1996.

Selon l'Accord, ses propres dispositions et celles de la partie XI sont interprétées et appliquées ensemble comme un seul et même instrument; le présent Règlement et les renvois à la Convention qu'il contient doivent être interprétés et appliqués en conséquence.

Le présent Règlement devra être modifié et complété quand l'Autorité aura des recettes suffisantes pour financer ses dépenses administratives par d'autres ressources que les contributions des membres de l'Autorité.

Champ d'application

Article premier

1.1   Le présent Règlement régit la gestion financière de l'Autorité internationale des fonds marins.

1.2 Aux fins du présent Règlement :

a) « Accord » s'entend de l'Accord relatif à l'application de la partie XI de la Convention des Nations Unies sur le droit de la mer du 10 décembre 1982;

b) « Autorité » s'entend de l'Autorité internationale des fonds marins;

c) « Convention » s'entend de la Convention des Nations Unies sur le droit de la mer, du 10 décembre 1982;

d) Par « membres de l'Autorité », on entend :

   i) Tout État partie à la Convention; et

   ii) Tout membre provisoire;

e) Par « Secrétaire général », on entend le Secrétaire général de l'Autorité internationale des fonds marins.

Exercice

Article 2

2.1 L'exercice comprend deux années civiles consécutives.

Le budget

Article 3

3.1 Le projet de budget pour chaque exercice est préparé par le Secrétaire général.

3.2 Le projet de budget prévoit les recettes et les dépenses de l'exercice auquel il se rapporte; il est libellé en dollars des États-Unis.

3.3 Le projet de budget est divisé en parties et chapitres et, le cas échéant, en programmes. Le projet de budget est accompagné des années explicatives et exposés circonstanciés qui peuvent être nécessaires pour l'examen du budget, y compris un exposé des principales modifications apportées par rapport à l'exercice précédent, et de son contenu concernant les programmes, le cas échéant, ainsi que de toutes annexes et notes que le Secrétaire général peut juger nécessaires ou utiles.

3.4 Le Secrétaire général présente le projet de budget pour l'exercice à venir au Conseil, qui le soumet à l'Assemblée, assorti de ses recommandations. Le Secrétaire général communique le projet de budget aux membres de la Commission des finances au moins quarante-cinq jours avant la réunion de la Commission des finances à laquelle il doit être examiné. Le projet de budget est communiqué à tous les membres de l'Autorité au moins quarante-cinq jours avant l'ouverture de la session du Conseil et de l'Assemblée.

3.5 La Commission des finances rédige un rapport à l'intention du Conseil sur le projet de budget présenté par le Secrétaire général, assorti des recommandations de la Commission des finances.

3.6 Le Conseil examine le rapport de la Commission des finances et soumet le projet de budget à l'Assemblée, assorti de toutes recommandations. L'Assemblée examine et adopte le budget pour l'exercice suivant soumis par le Conseil, étant entendu que les crédits correspondants sont ouverts chaque année, conformément aux dispositions de la Convention.

3.7   Les décisions de l'Assemblée et du Conseil qui concernent le budget administratif tiennent compte des recommandations de la Commission des finances.

3.8   Le Secrétaire général peut présenter des propositions supplémentaires pour le budget si des circonstances exceptionnelles l'exigent.

3.9   Les projets de budget supplémentaires sont établis dans une forme compatible avec le budget adopté. Les dispositions du présent Règlement s'appliquent autant que possible au projet de budget supplémentaire. Les décisions du Conseil et de l'Assemblée sur le projet de budget supplémentaire proposé par le Secrétaire général tiennent compte des recommandations de la Commission des finances.

3.10 Le Secrétaire général peut contracter des engagements pour des exercices à venir, à condition que lesdits engagements n'aient pas d'incidence sur le budget en cours et :

a)   Soient pris pour des activités qui ont été approuvées par le Conseil ou l'Assemblée et dont il est prévu qu'elles se poursuivront après la fin de l'exercice en cours; ou

b)   Soient autorisés par des décisions expresses du Conseil ou de l'Assemblée.

Ouvertures de crédits

Article 4

4.1   Par le vote des crédits, l'Assemblée autorise le Secrétaire général, dans la limite des crédits ouverts, à engager les dépenses et à effectuer les paiements pour lesquels ces crédits ont été ouverts.

4.2   Les crédits sont utilisables pendant l'exercice pour lequel ils ont été ouverts.

4.3   Les crédits restent utilisables pendant les douze mois suivant la fin de l'exercice pour lequel ils ont été ouverts, et ce dans la mesure nécessaire pour régler les engagements concernant des marchandises livrées et des services fournis au cours de l'exercice, ainsi que pour liquider toute autre dépense régulièrement engagée au cours de l'exercice et non encore réglée. Le solde des crédits est annulé.

4.4   À l'expiration de la période de douze mois visée à l'article 4.3, le solde de tous les crédits reportés est annulé. Tout engagement de dépenses concernant l'exercice en question et non liquidé est alors annulé ou, s'il reste valable, considéré comme imputable sur les crédits de l'exercice en cours.

4.5   Les virements de fonds à l'intérieur des chapitres existants du budget ne peuvent être opérés que dans la mesure autorisée par l'Assemblée.

4.6   Le Secrétaire général gère avec prudence les crédits votés pour un exercice financier, compte tenu des contributions effectivement reçues et des liquidités disponibles.

Fonds divers

Article 5

5.1   Il est créé un Fonds général d'administration où sont comptabilisées les dépenses d'administration de l'Autorité. Les contributions versées par les membres de celle-ci en application de l'article 6.1 a) et b), les recettes de l'Entreprise, les recettes accessoires et les sommes prélevées à titre d'avances sur le fonds de roulement pour faire face aux dépenses d'administration sont portées au crédit dudit Fonds.

5.2 Il est créé un fonds de roulement dont l'Assemblée arrête le montant et détermine l'objet de temps à autre. Ce fonds est alimenté par des avances des membres de l'Autorité jusqu'à ce que celle-ci obtienne par d'autres moyens des recettes suffisantes pour faire face à ses dépenses administratives; ces avances, dont le montant est fixé conformément au barème convenu des quotes-parts calqué sur le barème utilisé pour le budget ordinaire de l'Organisation des Nations Unies, ou, dans le cas des organisations internationales, fixé par l'Assemblée, sont portées au crédit des membres qui les versent.

5.3 Les sommes prélevées à titre d'avances sur le fonds de roulement pour exécuter les dépenses budgétaires sont remboursées au fonds dès que des recettes deviennent disponibles à cette fin.

5.4 Le revenu des placements du fonds de roulement est comptabilisé comme recettes accessoires.

5.5 Le Secrétaire général peut constituer des fonds d'affectation spéciale, des comptes de réserve et des comptes spéciaux; il en informe la Commission des finances.

5.6 L'organe compétent doit clairement définir l'objet et les limites de chaque fonds d'affectation spéciale, compte de réserve et compte spécial. À moins que l'Assemblée n'en décide autrement, ces fonds et comptes sont gérés conformément au présent Règlement.

5.7 Les ressources financières de l'Autorité sont d'abord sollicitées pour couvrir ses dépenses administratives. À l'exception des contributions visées à l'article 5.1 a) et b), le solde des fonds restant après qu'ont été acquittées les dépenses administratives peut, entre autres destinations :

a)   Être partagé conformément à l'article 140 et au paragraphe 2 g) de l'article 160 de la Convention;

b)   Être utilisé pour fournir des fonds à l'Entreprise conformément au paragraphe 4 de l'article 170 de la Convention;

c)   Être mis en réserve aux fins du fonds d'assistance économique visé au paragraphe 1 a) de la section 7 de l'annexe à l'Accord[1].

5.8 Il est créé un fonds d'assistance économique conformément au paragraphe 1 a) de la section 7 de l'annexe à l'Accord. Le montant réservé à cette fin est périodiquement déterminé par le Conseil sur recommandation de la Commission des finances. Seuls les fonds reçus en paiement des contractants, y compris l'Entreprise, et les contributions volontaires peuvent être portés au crédit du fonds d'assistance économique, une fois couvertes les dépenses d'administration de l'Autorité[2].

---

[1]   Cette disposition devra être précisée en temps opportun.
[2]   Cette disposition devra être précisée en temps opportun.

Constitution des fonds

Article 6

6.1 Les ressources financières de l'Autorité comprennent :

a)   Les contributions mises en recouvrement auprès des États membres de l'Autorité;

b)   Les contributions convenues, du montant fixé par l'Autorité, émanant des organisations internationales membres de l'Autorité conformément à l'annexe IX de la Convention;

c)   Les montants perçus par l'Autorité conformément au paragraphe 2 de l'article 13 de l'annexe III de la Convention et à la section 8 de l'annexe à l'Accord, en relation avec les activités menées dans la Zone;

d)   Les sommes versées par l'Entreprise, conformément à l'article 10 de l'annexe IV de la Convention;

e)   Les contributions volontaires versées par les membres de l'Autorité ou d'autres entités;

f)   Toutes autres sommes que l'Autorité pourrait ultérieurement être en droit de percevoir ou qui pourraient lui être versées, y compris le revenu des investissements.

6.2 Sous réserve des ajustements effectués conformément aux dispositions de l'article 6.3, les dépenses prévues au budget sont couvertes par les contributions des États membres de l'Autorité, dont le montant est fixé conformément à un barème convenu des quotes-parts calqué sur le barème utilisé pour le budget ordinaire de l'Organisation des Nations Unies, qui comprend un taux plancher et un taux plafond établis de temps à autre par l'Autorité, et par les contributions des organisations internationales membres de l'Autorité, du montant fixé périodiquement par l'Autorité, jusqu'à ce que cette dernière obtienne par d'autres moyens des recettes suffisantes pour faire face à ses dépenses d'administration. En attendant le versement de ces contributions, les dépenses seront couvertes par le fonds de roulement.

6.3 Pour chacune des deux années de l'exercice, les contributions des membres de l'Autorité sont calculées sur la base d'un montant égal à la moitié des crédits ouverts par l'Assemblée pour l'exercice considéré; toutefois ces contributions sont ajustées en fonction des éléments ci-après :

a)   Crédits additionnels qui n'ont pas déjà été pris en considération pour le calcul des contributions dues par les membres de l'Autorité;

b)   La moitié des recettes accessoires prévues pour l'exercice dont il n'a pas déjà été tenu compte et tous ajustements relatifs aux recettes accessoires prévues dont il a déjà été tenu compte;

c)   Contributions dues par les nouveaux membres de l'Autorité en application de l'article 6.9;

d)   Tout solde de crédits annulé en application des articles 4.3 et 4.4.

6.4 Lorsque l'Assemblée a adopté ou modifié le budget et arrêté le montant du fonds de roulement, le Secrétaire général :

a)   Communique aux membres de l'Autorité les documents pertinents;

b)   Leur fait connaître le montant de leur contribution au titre des contributions annuelles et des avances au fonds de roulement;

c)   Les invite à acquitter le montant de leurs contributions et de leurs avances.

6.5   Les contributions et avances sont considérées comme dues et exigibles en totalité dans les trente jours qui suivent la réception de la communication du Secrétaire général visée à l'article 5.1, ou le premier jour de l'année civile à laquelle elles se rapportent si cette dernière date est postérieure à la date d'expiration dudit délai de trente jours. Au 1er janvier de l'année civile suivante, le solde impayé de ces contributions et de ces avances est considéré comme étant d'une année en retard.

6.6   Les contributions annuelles et les avances au fonds de roulement sont calculées et versées en dollars des États-Unis.

6.7   Les versements faits par un membre de l'Autorité sont d'abord portés à son compte au fonds de roulement, l'excédent venant en déduction des contributions dues dans l'ordre de leur mise en recouvrement.

6.8   Le Secrétaire général présente à l'Assemblée, au Conseil et à la Commission des finances, à chacune de leurs sessions ordinaires, un rapport sur le recouvrement des contributions et des avances au fonds de roulement.

6.9   Les nouveaux membres de l'Autorité sont tenus d'acquitter une contribution pour l'année au cours de laquelle ils en deviennent membres et de verser leur quote-part des avances au fonds de roulement, aux taux fixés par l'Assemblée.

6.10   Les États et les entités visés à l'article 305 de la Convention, qui ne sont pas membres de l'Autorité mais qui participent à ses activités, contribuent aux dépenses de celle-ci, selon le barème arrêté par l'Assemblée, à moins que cette dernière ne décide d'exempter l'un quelconque de ces États ou entités de l'obligation de contribuer auxdites dépenses. Ces contributions sont comptabilisées comme recettes accessoires.

Autres recettes

Article 7

7.1   Toutes les recettes autres que :

a)   Les contributions au budget;

b)   Les sommes perçues par l'Autorité conformément au paragraphe 2 de l'article 13 de l'annexe III de la Convention et à la section 8 de l'annexe à l'Accord, en relation avec les activités menées dans la Zone;

c)   Les sommes visées par l'Entreprise conformément à l'article 10 de l'annexe IV de la Convention;

d)   Les contributions volontaires versées par les membres de l'Autorité ou autres entités;

e)   Les montants versés à l'Autorité en application de l'article 82 de la Convention;

f)   Les montants versés au fonds d'assistance économique, conformément au paragraphe 1 a) de la section 7 de l'annexe à l'Accord;

g)   Les remboursements directs de dépenses faites pendant l'exercice considéré;

h)   Les avances ou dépôts à des fonds; et

i)　　Les recettes provenant de l'application du barème des contributions du personnel,

sont considérées comme recettes accessoires et versées au Fonds général d'administration.

7.2　Le Secrétaire général peut accepter des contributions volontaires, qu'elles soient ou non en espèces, à condition qu'elles soient offertes à des fins compatibles avec les principes, les buts et les activités de l'Autorité et que l'acceptation des contributions qui entraînent pour elle, directement ou indirectement, des obligations financières supplémentaires ait l'assentiment de l'autorité compétente.

7.3　Les sommes acceptées à des fins spécifiées par le donateur sont considérées comme des fonds d'affectation spéciale ou inscrites à un compte spécial conformément aux dispositions des articles 5.5 et 5.6.

7.4　Les sommes acceptées sans que leur destination ait été spécifiée sont considérées comme recettes accessoires et sont portées comme « dons » dans les comptes de l'exercice.

Dépôt des fonds

Article 8

8.1　Le Secrétaire général désigne la banque ou les banques dans lesquelles les fonds de l'Autorité doivent être déposés et en rend compte de temps à autre au Conseil.

Placement des fonds

Article 9

9.1　Le Secrétaire général peut placer à court terme, à des fins non spéculatives, les fonds qui ne sont pas nécessaires pour faire face à des besoins immédiats; il fait périodiquement connaître à la Commission des finances les placements ainsi faits.

9.2　Le Secrétaire général peut, après avoir consulté un conseiller en investissements sur recommandation de la Commission des finances, placer à long terme les sommes figurant au crédit des fonds d'affectation spéciale, comptes de réserve et comptes spéciaux, sauf stipulation contraire de l'autorité compétente dans chaque cas et compte tenu du minimum de liquidités à conserver dans chaque cas.

9.3　Le revenu des placements est affecté conformément aux règles relatives à chaque fonds ou à chaque compte.

Contrôle intérieur

Article 10

10.1 Le Secrétaire général :

a)　　Arrête dans le détail les règles et méthodes qui assurent une gestion financière efficace et économique;

b)　　Veille à ce que tous les paiements soient faits au vu de pièces justificatives et autres documents attestant que les services ou les marchandises ont été effectivement fournis et n'ont pas déjà fait l'objet d'un règlement;

c) Désigne les fonctionnaires habilités à recevoir des fonds, à engager des dépenses et à faire des paiements au nom de l'Autorité;

d) Exerce un contrôle financier intérieur permettant de procéder efficacement et constamment à l'examen et à la révision des opérations financières en vue d'assurer :

 i) La régularité des opérations d'encaissement, de dépôt et d'emploi de tous les fonds et autres ressources financières de l'Autorité;

 ii) La conformité des engagements et dépenses soit avec les ouvertures de crédits ou autres dispositions financières votées par l'Assemblée, soit avec l'objet des fonds d'affectation spéciale et comptes spéciaux et avec les règles y relatives;

 iii) L'utilisation économique des ressources de l'Autorité.

10.2 Des dépenses ne peuvent être engagées ni des engagements contractés pour l'exercice en cours et des exercices à venir qu'après avoir fait l'objet d'attributions ou autres ouvertures de crédits écrites émises au nom du Secrétaire général.

10.3 Le Secrétaire général peut faire les versements à titre gracieux qu'il juge nécessaires dans l'intérêt de l'Autorité, étant entendu qu'il doit soumettre à l'Assemblée, en même temps que les comptes, un état de ces versements.

10.4 Le Secrétaire général peut, après enquête approfondie, autoriser à passer par profits et pertes le montant des pertes de numéraire, marchandises et autres avoirs, étant entendu qu'il doit soumettre au Commissaire aux comptes, en même temps que les comptes, un état de toutes les sommes ainsi passées par profits et pertes, assorti des pièces justificatives.

10.5 Les marchés de matériel, fournitures et autres articles nécessaires sont passés par adjudication avec publicité préalable, sauf lorsque le Secrétaire général estime que l'intérêt de l'Autorité justifie une dérogation à cette règle.

Comptabilité

Article 11

11.1 Le Secrétaire général présente les comptes de l'exercice en cours. En outre, le Secrétaire général tient, aux fins de la gestion, la comptabilité nécessaire, y compris des comptes intérimaires pour la première année civile de l'exercice. Tant les comptes intérimaires que les comptes de l'exercice indiquent :

a) Les recettes et les dépenses de tous les fonds;

b) L'utilisation des crédits ouverts, notamment :

 i) Les crédits initialement ouverts;

 ii) Les crédits ouverts tels qu'ils ont été modifiés par des virements;

 iii) Les fonds éventuels autres que les crédits votés par l'Assemblée;

 iv) Les montants imputés sur ces crédits votés ou, le cas échéant, sur d'autres fonds;

c) L'actif et le passif de l'Autorité.

Le Secrétaire général fournit également tous autres renseignements propres à faire connaître la situation financière de l'Autorité à la date considérée.

11.2 Les comptes de l'Autorité sont libellés en dollars des États-Unis. Toutefois, des comptes peuvent être libellés dans toute autre monnaie si le Secrétaire général le juge nécessaire.

11.3 Des comptes distincts sont dûment tenus pour tous les fonds d'affectation spéciale, comptes de réserve et comptes spéciaux.

11.4 Le Secrétaire général soumet les comptes de l'exercice au Commissaire aux comptes au plus tard le 31 mars qui suit la fin de l'exercice.

Vérification des comptes

Article 12

12.1 L'Assemblée nomme un commissaire aux comptes indépendant de réputation internationale ayant de l'expérience en audit d'organisations internationales. Le Commissaire aux comptes indépendant est nommé pour une période de quatre ans et son mandat peut être renouvelé une fois.

12.2 La vérification des comptes est effectuée conformément aux normes usuelles généralement acceptées en la matière et, sous réserve de directives spéciales de l'Assemblée, conformément au mandat additionnel joint en annexe au présent Règlement.

12.3 Le Commissaire aux comptes formule, selon qu'il convient, des observations sur l'efficacité des procédures financières, sur le système comptable, sur les contrôles financiers intérieurs et, de manière générale, sur l'administration et la gestion de l'Autorité.

12.4 Le Commissaire aux comptes est complètement indépendant et seul responsable de l'exécution de la vérification.

12.5 La Commission des finances peut demander au Commissaire aux comptes de faire certaines vérifications spécifiques et de présenter des rapports distincts sur leurs résultats.

12.6 Le Secrétaire général fournit au Commissaire aux comptes les facilités dont il peut avoir besoin pour procéder à la vérification.

12.7 Le Commissaire aux comptes établit un rapport sur la vérification des états financiers et des tableaux y relatifs concernant les comptes de l'exercice, rapport dans lequel il consigne les renseignements qu'il juge nécessaires sur les questions visées à l'article 12.3 et dans le mandat additionnel.

12.8 La Commission des finances examine les états financiers et les rapports du Commissaire aux comptes qu'elle transmet au Conseil et à l'Assemblée, assortis des observations qu'elle juge appropriées.

Résolutions impliquant des dépenses

Article 13

13.1 Les décisions de l'Assemblée et du Conseil qui ont des incidences financières ou budgétaires se fondent sur les recommandations de la Commission des finances.

13.2 Aucune commission ou autre organe compétent de l'Autorité ne peut prendre de décision qui implique une modification du budget approuvé par l'Assemblée ou qui peut entraîner des dépenses s'il n'a pas été saisi et n'a pas dûment tenu compte d'un rapport du Secrétaire général sur les incidences que la décision envisagée peut avoir sur le budget et les recommandations que la Commission des finances pourrait avoir formulées.

13.3 Lorsque, de l'avis du Secrétaire général, la dépense proposée ne peut être faite dans la limite des crédits ouverts, elle ne peut être engagée tant que l'Assemblée n'a pas voté les crédits nécessaires.

Dispositions générales

Article 14

14.1 Le présent Règlement entrera en vigueur à la date à laquelle il sera approuvé par l'Assemblée et s'appliquera à l'exercice budgétaire 2001-2002 et aux exercices budgétaires ultérieurs. Il ne peut être modifié que par l'Assemblée.

ANNEXE

MANDAT ADDITIONNEL RÉGISSANT LA VÉRIFICATION DES COMPTES DE L'AUTORITÉ

1. Les commissaires aux comptes vérifient conjointement et séparément les comptes de l'Autorité, y compris tous les fonds d'affectation spéciale et comptes spéciaux, comme ils le jugent nécessaire pour s'assurer :

   a) Que les états financiers sont conformes aux livres et écritures de l'Autorité;

   b) Que les opérations financières dont les états rendent compte, ont été conformes aux règles et règlements, aux dispositions budgétaires et autres directives applicables;

   c) Que les valeurs et le numéraire déposés en banque ou en caisse ont été soit vérifiés grâce à des certificats directement reçus des dépositaires de l'Autorité soit effectivement comptés;

   d) Que les contrôles intérieurs, y compris la vérification intérieure des comptes, sont adéquats eu égard à la mesure dans laquelle on s'y fie.

2. Les commissaires aux comptes ont seuls compétence pour accepter en tout ou en partie les attestations et justifications fournies par le Secrétaire général et peuvent, s'ils le jugent opportun, procéder à l'examen et à la vérification détaillés de toute pièce comptable relative soit aux opérations financières, soit aux fournitures et au matériel.

3. Les commissaires aux comptes et leur personnel ont librement accès, à tout moment approprié, à tous les livres, écritures et documents comptables dont ils estiment avoir besoin pour effectuer la vérification. Les commissaires aux comptes sont responsables du travail accompli par ce personnel dans l'exécution de la vérification. Les renseignements qui sont considérés comme protégés et dont le Secrétaire général (ou le haut fonctionnaire désigné par lui) convient qu'ils sont nécessaires aux commissaires aux comptes aux fins de la vérification et les renseignements considérés comme confidentiels sont mis à la disposition de ceux-ci s'ils en font la demande. Les commissaires aux comptes et leur personnel respectent le caractère protégé ou confidentiel de tout renseignement ainsi considéré qui est mis à leur disposition et n'en font usage que pour ce qui touche directement l'exécution

des opérations de vérification. Ils peuvent appeler l'attention de l'Assemblée sur tout refus de leur communiquer des renseignements considérés comme protégés dont ils estiment avoir besoin aux fins de la vérification.

4.   Les commissaires aux comptes n'ont pas qualité pour rejeter telle ou telle rubrique des comptes, mais ils appellent l'attention du Secrétaire général sur toute opération dont la régularité leur paraît discutable pour que le Secrétaire général prenne les mesures voulues. Toute objection soulevée au cours de la vérification des comptes quant à des opérations de ce genre ou à toutes autres opérations est immédiatement signalée au Secrétaire général.

5.   Les commissaires aux comptes (ou ceux d'entre eux qu'ils pourront désigner à cet effet) expriment une opinion sur les états financiers, dans les termes suivants, et la signent :

> « Nous avons examiné les états financiers ci-joints de [nom de l'organisme] numérotés de ... à ... et dûment identifiés, ainsi que les tableaux y relatifs pour l'exercice terminé le 31 décembre 19__. Nous avons, notamment, effectué un examen général des procédures comptables et vérifié par sondage les écritures comptables et autres pièces justificatives que nous avons jugées nécessaires en l'occurrence. »,

en précisant, le cas échéant, si :

a)   Les états financiers présentent convenablement la situation financière à la fin de l'exercice et les résultats des opérations comptabilisées pour l'exercice achevé;

b)   Les états financiers ont été établis conformément aux principes comptables spécifiés;

c)   Les principes comptables ont été appliqués de façon conséquente par rapport à l'exercice précédent;

d)   Les opérations étaient conformes au Règlement financier et aux autorisations des organes délibérants.

6.   Dans leur rapport à l'Assemblée sur les opérations financières comptabilisées pour l'exercice, les commissaires aux comptes indiquent:

a)   La nature et l'étendue de la vérification à laquelle ils ont procédé;

b)   Les éléments qui déterminent la complétude ou l'exactitude des comptes, y compris le cas échéant :

i)   Les renseignements nécessaires à l'interprétation correcte des comptes;

ii)   Toute somme qui aurait dû être perçue mais qui n'a pas été passée en compte;

iii)   Toute somme qui a fait l'objet d'un engagement de dépense régulier ou fonctionnel et qui n'a pas été comptabilisée ou dont il n'a pas été tenu compte dans les états financiers;

iv)   Les dépenses à l'appui desquelles il n'est pas produit de pièces justificatives suffisantes;

v) S'il est tenu des livres de comptes en bonne et due forme ; les cas où la présentation des états financiers s'écarterait, quant au fond, des principes comptables généralement acceptés qui sont appliqués de façon conséquente doivent être signalés;

c) Les autres questions sur lesquelles il y a lieu d'appeler l'attention de l'Assemblée, par exemple :

i) Les cas de fraude;

ii) Le gaspillage ou l'utilisation irrégulière de fonds ou d'autres avoirs de l'Autorité (quand bien même les comptes relatifs à l'opération effectuée sont en règle);

iii) Les dépenses risquant d'entraîner ultérieurement des frais considérables pour l'Autorité;

iv) Tout vice, général ou particulier, du système régissant le contrôle des recettes et des dépenses ou celui des fournitures et du matériel;

v) Les dépenses non conformes aux intentions de l'Assemblée, compte tenu des virements dûment autorisés à l'intérieur du budget;

vi) Les dépassements de crédits, compte tenu des modifications résultant de virements dûment autorisés à l'intérieur du budget;

vii) Les dépenses non conformes aux autorisations qui les régissent;

d) L'exactitude ou l'inexactitude des comptes relatifs aux fournitures et au matériel, d'après l'inventaire et l'examen des livres;

e) S'ils le jugent approprié, les opérations qui ont été comptabilisées au cours d'un exercice antérieur et au sujet desquelles des renseignements nouveaux ont été obtenus ou les opérations qui doivent être faites au cours d'un exercice ultérieur et au sujet desquelles il semble souhaitable d'informer l'Assemblée par avance.

7. Les commissaires aux comptes peuvent présenter à l'Assemblée ou au Secrétaire général toutes observations relatives aux constatations qu'ils ont faites à l'occasion de la vérification ainsi que tous commentaires relatifs au rapport financier du Secrétaire général qu'ils jugent appropriés.

8. Si les commissaires aux comptes n'ont pu procéder qu'à une vérification limitée ou s'ils n'ont pas pu obtenir suffisamment de pièces justificatives, ils doivent l'indiquer dans leur opinion et dans leur rapport, en précisant dans celui-ci les motifs de leurs observations et en indiquant en quoi l'exposé de la situation financière et des opérations financières peut être sujet à caution du fait de ces facteurs.

9. Les commissaires aux comptes ne doivent en aucun cas faire figurer de critiques dans leur rapport sans donner d'abord au Secrétaire général une possibilité adéquate de leur fournir des explications sur le point litigieux.

10. Les commissaires aux comptes ne sont pas tenus de faire mention d'une question quelconque évoquée dans les paragraphes précédents, s'ils ne le jugent utile à aucun égard.

COMMENTAIRE

En attendant l'adoption de son propre règlement, l'Autorité a appliqué *mutatis mutandis* le Règlement financier de l'Organisation des Nations Unies. Le projet de règlement financier de l'Autorité a été examiné et révisé par la Commission des finances à la reprise de la troisième session de l'Autorité au mois d'août 1997 et pendant la première partie de sa quatrième session au mois de mars 1998. La Commission des finances a fini ses travaux sur le projet de règlement à la reprise de la quatrième session de l'Autorité au mois d'août 1998.

À sa quarantième séance, le 27 août 1998, le Conseil a examiné le projet de règlement financier proposé par la Commission des finances (ISBA/4/C/L.3). Faute de temps, la poursuite de cet examen a dû être reportée à la cinquième session du Conseil, au mois d'août 1999.

Après une analyse approfondie du projet par le Conseil à sa cinquième session, le secrétariat a établi un texte révisé devant faire l'objet d'un nouvel examen de la part du Conseil (ISBA/5/C/L.3). À sa cinquante-septième séance, le 26 août 1999, sur recommandation de la Commission des finances, le Conseil a décidé d'adopter et d'appliquer à titre provisoire, en attendant qu'il soit approuvé par l'Assemblée, le projet de règlement financier (ISBA/5/C/10).

Faute de temps, l'Assemblée n'a pu examiner le projet de règlement financier à sa cinquième session, bien qu'elle ait noté qu'il avait été adopté par le Conseil et serait appliqué à titre provisoire. Sur recommandation du Conseil, l'Assemblée a approuvé le règlement financier de l'Autorité à sa soixante-et-onzième séance, le 23 mars 2000 (ISBA/6/A/3).

En application de l'article 10 du Règlement financier, le Secrétaire général a arrêté les règles financières de l'Autorité internationale des fonds marins, qui s'appliquent à compter du 1er décembre 2008, sauf indication contraire. Le Secrétaire général a promulgué ces règles le 10 novembre 2008 (ST/SGB/2008/02) et en a informé la Commission des finances qui en a pris note durant la seizième session de l'Autorité en 2010.

DOCUMENTATION

- AIFM

ISBA/A/15, Décision de l'Assemblée touchant la participation de l'Autorité internationale des fonds marins à la Caisse commune des pensions du personnel des Nations Unies, (*Sélection de décisions 1/2/3*, 31-32).

ISBA/3/A/4, Rapport du Secrétaire général de l'Autorité internationale des fonds marins présenté en application de l'article 166, paragraphe

4, de la Convention des Nations Unies sur le droit de la mer, para. 39, (*Sélection de décisions 1/2/3*, 59).

ISBA/3/A/11, Déclaration du Président concernant les travaux de l'Assemblée pendant la reprise de la troisième session, para. 12, (*Sélection de décisions 1/2/3*, 69).

ISBA/4/A/11, Rapport du Secrétaire général de l'Autorité internationale des fonds marins présenté en application de l'article 166, paragraphe 4, de la Convention des Nations Unies sur le droit de la mer, paras. 38 et 57, (*Sélection de décisions 4*, 59 et 62).

ISBA/4/A/18, Déclaration du Président sur les travaux de l'Assemblée pendant la reprise de la quatrième session, para. 15, (*Sélection de décisions 4*, 67).

ISBA/5/A/1 et Corr. 1, Rapport du Secrétaire général de l'Autorité internationale des fonds marins présenté en application de l'article 166, paragraphe 4, de la Convention des Nations Unies sur le droit de la mer, paras. 25 et 52, (*Sélection de décisions 5*, 5 et 11).

ISBA/5/A/14, Déclaration du Président sur les travaux de l'Assemblée au cours de la cinquième session, para. 23, (*Sélection de décisions 5*, 44).

ISBA/6/A/3, Décision de l'Assemblée de l'Autorité internationale des fonds marins concernant le règlement financier de l'Autorité, (*Sélection de décisions 6*, 1-11).

ISBA/6/A/6, Déclaration du Président sur les travaux de l'Assemblée à la sixième session, para. 8, (*Sélection de décisions 6*, 12).

ISBA/6/A/9, Rapport du Secrétaire général de l'Autorité internationale des fonds marins présenté en application de l'article 166, paragraphe 4, de la Convention des Nations Unies sur le droit de la mer, paras. 5 et 22, (*Sélection de décisions 6*, 13 et 16).

ISBA/6/A/L.2, Projet de décision de l'Assemblée de l'Autorité internationale des fonds marins concernant le règlement financier de l'Autorité.

ISBA/3/C/11, Déclaration du Président concernant les travaux menés par le Conseil pendant la reprise de la troisième session, para. 1, (*Sélection de décisions 1/2/3*, 78).

ISBA/4/C/5, Déclaration du Président sur les travaux du Conseil pendant la première partie de la quatrième session, para. 13, (*Sélection de décisions 4*, 72).

ISBA/4/C/14, Déclaration du Président sur les travaux du Conseil durant la reprise de sa quatrième session, paras. 1 et 8, (*Sélection de décisions 4*, 75-77).

ISBA/4/C/L.3, Projet révisé de règlement financier de l'Autorité internationale des fonds marins.

ISBA/5/C/10, Décision du Conseil de l'Autorité internationale des fonds marins concernant le projet de règlement financier de l'Autorité internationale des fonds marins, (*Sélection de décisions 5*, 48).

ISBA/5/C/11, Déclaration du Président sur les travaux du Conseil à la cinquième session, para. 14, (*Sélection de décisions 5*, 51).

ISBA/5/C/L.3, Projet de règlement financier de l'Autorité internationale des fonds marins.

ISBA/5/C/L.6, Projet de décision du Conseil de l'Autorité internationale des fonds marins concernant le projet de règlement financier de l'Autorité internationale des fonds marins.

ISBA/16/A/5*-ISBA/16/C/8*, Rapport de la Commission des finances, para. 23, (*Sélection de décisions 16*, 38).

C – DÉCISION DE L'ASSEMBLÉE CONCERNANT LE SCEAU OFFICIEL, LE DRAPEAU ET L'EMBLÈME DE L'AUTORITÉ INTERNATIONALE DES FONDS MARINS

L'Assemblée de l'Autorité internationale des fonds marins,

Reconnaissant qu'il est souhaitable d'approuver un drapeau et un emblème distinctifs de l'Autorité internationale des fonds marins et d'en autoriser l'emploi comme sceau officiel de l'Autorité,

Estimant qu'il est nécessaire de protéger le nom de l'Autorité, son drapeau, son emblème distinctif et son sceau officiel,

1. *Décide* en conséquence que les dessins reproduits dans la première partie de l'annexe à la présente résolution seront l'emblème et le signe distinctif de l'Autorité internationale des fonds marins et seront utilisés comme sceau officiel de l'Autorité;

2. *Décide également* que le drapeau de l'Autorité internationale des fonds marins sera l'emblème distinctif reproduit dans la deuxième partie de l'annexe, sur un fond bleu foncé;

3. *Demande* au Secrétaire général d'élaborer des règlements concernant les dimensions et les proportions du drapeau;

4. *Autorise* le Secrétaire général à adopter un code du drapeau, en ayant à l'esprit qu'il est souhaitable de réglementer l'emploi du drapeau et d'en préserver la dignité;

5. *Recommande* :

a) Que les membres de l'Autorité internationale des fonds marins prennent toutes mesures appropriées d'ordre législatif ou autres, pour protéger l'emblème, le sceau officiel et le nom de « Autorité internationale des fonds marins » ainsi que l'abréviation de ce nom en lettres initiales afin d'en empêcher l'emploi, sauf autorisation du Secrétaire général de l'Autorité internationale des fonds marins, notamment à des fins commerciales sous forme de marques de fabrique ou de commerce;

b) Que ces mesures prennent effet aussitôt que possible, et de toute façon au plus tard dans un délai de deux ans à compter de la date de l'adoption de la présente résolution;

c) Que chacun des membres de l'Autorité internationale des fonds marins, en attendant que ces mesures entrent en vigueur dans leurs territoires respectifs, fasse tout en son pouvoir pour protéger l'emblème, le nom et les initiales de l'Autorité internationale des fonds marins afin d'en empêcher toute utilisation, notamment à des fins commerciales sous forme de marques de fabrique ou de commerce, sauf autorisation du Secrétaire général de l'Autorité.

84ᵉ séance
Le 14 août 2002

ANNEXE

Partie I

Partie II

COMMENTAIRE

L'emblème de l'Autorité internationale des fonds marins, dont deux variantes principales apparaissent sur les documents officiels de l'Autorité ainsi que sur le drapeau, le papier à en-tête et les publications de l'Autorité, a été créé en 1997. C'est une forme modifiée du dessin utilisé par l'Organisation des Nations Unies aux fins de la troisième Conférence des Nations Unies sur le droit de la mer et, ultérieurement, par le Bureau du Représentant spécial du Secrétaire général pour le droit de la mer. Une autre variante du même dessin avait été officiellement adoptée à l'usage du Tribunal international du droit de la mer. Le drapeau reprend le sceau officiel de l'Autorité, qui représente la balance de la justice au-dessus des flots, entourée d'une couronne de laurier. Symbole de la justice régnant sur les océans, l'emblème reflète également la force des liens qui unissent la Division des affaires maritimes et du droit de la mer de l'Organisation des Nations Unies, le Tribunal international du droit de la mer et l'Autorité.

Le sceau officiel, le drapeau et l'emblème de l'Autorité ont été adoptés par résolution de l'Assemblée à sa 84e séance, le 14 août 2002. Le texte de la décision de l'Assemblée figure dans le document ISBA/8/A/12.

Il convient de noter que l'Organisation des Nations Unies a suivi une procédure semblable en ce qui concerne son emblème et son drapeau. En effet, des résolutions distinctes ont été adoptées le 7 décembre 1946, concernant le sceau officiel et l'emblème de l'Organisation des Nations Unies, et le 20 octobre 1947, concernant le drapeau de l'Organisation des Nations Unies.

DOCUMENTATION

- AIFM

ISBA/8/A/4, Sceau officiel, drapeau et emblème de l'Autorité internationale des fonds marins. Rapport du Secrétaire général.

ISBA/8/A/12, Décision de l'Assemblée concernant le sceau officiel, le drapeau et l'emblème de l'Autorité internationale des fonds marins, (*Sélection de décisions 8*, 31-32).

ISBA/8/A/13, Déclaration du Président sur les travaux de l'Assemblée à la huitième session, para. 15, (*Sélection de décisions 8*, 35).

- ORGANISATION DES NATIONS UNIES

Résolution 92 (I), Sceau officiel et emblème de l'Organisation des Nations Unies.

Résolution 167 (II), Drapeau de l'Organisation des Nations Unies.

D – ACCORDS CONCERNANT LE SIÈGE DE L'AUTORITÉ INTERNATIONALE DES FONDS MARINS

ACCORD ENTRE L'AUTORITÉ INTERNATIONALE DES FONDS MARINS ET LE GOUVERNEMENT DE LA JAMAÏQUE RELATIF AU SIÈGE DE L'AUTORITÉ INTERNATIONALE DES FONDS MARINS

L'Autorité internationale des fonds marins et le Gouvernement de la Jamaïque,
Considérant la Convention des Nations Unies sur le droit de la mer du 10 décembre 1982, qui crée l'Autorité internationale des fonds marins,
Considérant la disposition du paragraphe 4 de l'article 156 de la Convention, qui prévoit que l'Autorité internationale des fonds marins a son siège à la Jamaïque,
Considérant la nécessité de fournir à l'Autorité internationale des fonds marins toutes les installations nécessaires pour lui permettre de s'acquitter des fonctions que la Convention lui a assignées,
Désireux de conclure un accord en vue de régler, conformément à la Convention, les questions relatives à l'établissement et au fonctionnement de l'Autorité internationale des fonds marins à la Jamaïque,
Sont convenus de ce qui suit :

Emploi des termes

Article premier

Aux fins du présent Accord :
a) Le terme « archives » désigne les dossiers et la correspondance, les documents, manuscrits, cartes, photographies, films, communications électroniques et enregistrements sonores appartenant à l'Autorité ou détenus par elle à la Jamaïque;
b) Le terme « Autorité » désigne l'Autorité internationale des fonds marins, telle qu'elle est définie dans la Convention;
c) L'expression « autorités compétentes » désigne les autorités gouvernementales, municipales ou autres de la Jamaïque, selon le contexte et conformément aux lois applicables à la Jamaïque;

d) Le terme « Convention » désigne la Convention des Nations Unies sur le droit de la mer du 10 décembre 1982 ainsi que l'Accord relatif à l'application de la Partie XI de la Convention des Nations Unies sur le droit de la mer du 10 décembre 1982;

e) L'expression « Directeur général » désigne le Directeur général de l'Entreprise;

f) L'expression « personnel domestique » désigne les personnes employées exclusivement au service domestique des représentants des membres de l'Autorité, des représentants des observateurs de l'Autorité et des fonctionnaires de l'Autorité;

g) Le terme « Entreprise » désigne l'organe de l'Autorité prévu dans la Convention;

h) Le terme « experts » désigne les experts s'acquittant de missions pour le compte de l'Autorité;

i) Le terme « Gouvernement » désigne le Gouvernement de la Jamaïque;

j) Le terme « siège » désigne la zone occupée par l'Autorité à la Jamaïque telle qu'elle est définie à l'article 2;

k) L'expression « lois de la Jamaïque » désigne la Constitution de la Jamaïque, les textes de lois et les règlements édictés en application de ces textes et comprend la *common law*;

l) L'expression « membres de l'Autorité » désigne tous les États Parties à la Convention;

m) L'expression « membres de la mission permanente » ou « membres de la mission permanente d'observation » désigne le chef de mission et les membres du personnel;

n) L'expression « État observateur » désigne tout État doté du statut d'observateur auprès de l'Autorité;

o) L'expression « observateurs de l'Autorité » désigne les États et les organisations intergouvernementales et non gouvernementales dotés du statut d'observateur auprès de l'Autorité;

p) L'expression « fonctionnaires de l'Autorité » désigne le Secrétaire général et tous les membres du personnel de l'Autorité, à l'exception de ceux qui sont recrutés sur place et payés à l'heure;

q) L'expression « mission permanente » désigne une mission de caractère permanent représentant un État partie;

r) L'expression « mission permanente d'observation » désigne une mission de caractère permanent représentant un État observateur;

s) Le terme « Protocole » désigne le Protocole sur les privilèges et immunités de l'Autorité;

t) L'expression « représentants des membres de l'Autorité » désigne les représentants, représentants suppléants, conseillers et autres membres accrédités des délégations;

u) L'expression « représentants d'États observateurs » désigne les représentants, représentants suppléants, conseillers et autres membres accrédités des délégations;

v) L'expression « Secrétaire général » désigne le Secrétaire général de l'Autorité internationale des fonds marins ou son représentant autorisé;

w) L'expression « États Parties » a le sens défini à l'article premier de la Convention.

Siège de l'Autorité

Article 2

1. L'Autorité a son siège à la Jamaïque.

2. La Jamaïque s'engage à concéder à l'Autorité, aux fins d'utilisation et d'occupation permanentes par l'Autorité, la zone et toutes installations désignées dans des accords complémentaires devant être conclus à cette fin.

3. Tout bâtiment situé hors du siège, qui est utilisé temporairement avec l'assentiment du Gouvernement pour des réunions convoquées par l'Autorité, est considéré comme faisant partie du siège. Les requêtes de l'Autorité sollicitant l'assentiment du Gouvernement ne sont pas rejetées déraisonnablement.

Personnalité et capacité juridiques de l'Autorité

Article 3

L'Autorité possède la personnalité juridique internationale et a la capacité juridique qui lui est nécessaire pour exercer ses fonctions et atteindre ses buts conformément à la Convention. En conséquence, elle a, en particulier, la capacité :

a) De contracter;

b) D'acquérir et de céder des biens meubles et immeubles; et

c) D'ester en justice.

Droit applicable et autorités compétentes au siège

Article 4

1. Le siège est sous l'autorité et le contrôle de l'Autorité conformément aux dispositions du présent Accord.

2. L'Autorité a le pouvoir d'adopter des règlements applicables au siège pour y créer les conditions nécessaires à tous égards au plein exercice indépendant de ses attributions.

3. L'Autorité informe sans retard le Gouvernement des règlements qu'elle a adoptés conformément au paragraphe 2.

4. Sauf disposition contraire du présent Accord et sous réserve des dispositions des paragraphes 2 et 5 du présent article, les lois de la Jamaïque sont applicables au siège.

5. Dans la mesure où une loi de la Jamaïque serait incompatible avec un règlement édicté par l'Autorité en vertu du paragraphe 2 du présent article, cette loi n'est pas applicable au siège.

6. Tout différend entre l'Autorité et la Jamaïque sur la question de savoir si un règlement de l'Autorité est conforme au paragraphe 2, ou si une loi de la Jamaïque est incompatible avec un des règlements édictés par l'Autorité en vertu

du paragraphe 2, doit être rapidement réglé selon la procédure prévue à l'article 49. Jusqu'à la solution du différend, le règlement de l'Autorité reste applicable et la loi de la Jamaïque n'est pas applicable au siège dans la mesure où l'Autorité la déclare incompatible avec ledit règlement.

7. Sauf disposition contraire du présent Accord, les tribunaux de la Jamaïque ou autres autorités compétentes sont habilités à connaître, conformément aux lois applicables, des actes accomplis ou des transactions effectuées au siège.

8. Les tribunaux de la Jamaïque ou autres autorités compétentes, quand ils examinent les affaires résultant d'actes accomplis ou de transactions effectuées au siège, tiennent compte des règlements édictés par l'Autorité conformément au paragraphe 2 du présent article.

9. L'Autorité peut expulser ou exclure du siège toute personne pour violation des règlements qu'elle a édictés en vertu du présent article, ou pour toute autre raison valable.

10. Sans préjudice des dispositions du présent article, les règlements de protection contre l'incendie et les règlements sanitaires édictés par les autorités compétentes sont respectés.

Inviolabilité du siège

Article 5

1. Le siège est inviolable. Les fonctionnaires ou agents de la Jamaïque, ou les personnes exerçant une fonction publique à la Jamaïque, ne peuvent pénétrer au siège pour y exercer de quelconques fonctions qu'avec le consentement exprès ou à la demande du Secrétaire général et dans les conditions acceptées par lui.

2. La signification des actes de procédure, y compris la saisie de biens privés, ne peut avoir lieu au siège qu'avec le consentement exprès du Secrétaire général et dans les conditions acceptées par lui.

3. Sans préjudice des dispositions du présent Accord, l'Autorité empêche que le siège ne serve de refuge contre la justice à des personnes tentant d'échapper à une arrestation ordonnée en exécution d'une loi de la Jamaïque, ou réclamées par le Gouvernement en vue de leur extradition, ou cherchant à se dérober à la signification d'un acte de procédure.

4. En cas d'incendie ou autre situation d'urgence exigeant des mesures de protection rapides, ou si les autorités compétentes ont de bonnes raisons de croire qu'il existe une situation d'urgence, le consentement du Secrétaire général à l'entrée des autorités compétentes au siège est présumé si l'on ne peut se mettre en rapport avec lui en temps voulu. Tout sera mis en œuvre pour obtenir ce consentement.

5. Sous réserve des dispositions des paragraphes 1 et 2, rien dans le présent article ne fait obstacle à la distribution officielle par le service postal de la Jamaïque des lettres et documents au siège.

Protection du siège

Article 6

1. Les autorités compétentes prennent toutes mesures nécessaires afin que la tranquillité du siège ne soit pas troublée ni son accès gêné par des personnes ou

des groupes de personnes pénétrant sans autorisation ou par des désordres dans son voisinage immédiat et assurent au siège la protection de police nécessaire.

2.   À la demande du Secrétaire général, les autorités compétentes fournissent les forces de police nécessaires pour assurer le maintien de l'ordre public au siège et pour en faire sortir toute personne.

3.   Les autorités compétentes prennent toutes mesures nécessaires pour que l'Autorité ne soit pas dépossédée, sans son consentement exprès, de tout ou partie du siège.

Voisinage du siège

Article 7

1.   Les autorités compétentes prennent toutes mesures raisonnables pour que l'usage fait des terrains et bâtiments avoisinant le siège n'altère pas les agréments du siège et ne gêne pas son utilisation aux fins prévues.

2.   L'Autorité prend toutes les mesures nécessaires pour que le siège ne soit pas utilisé à des fins autres que celles qui sont prévues et pour ne pas gêner outre mesure l'accès aux terrains et aux bâtiments situés dans le voisinage du siège.

Drapeau et emblème

Article 8

L'Autorité a le droit d'arborer son drapeau et son emblème au siège et sur les véhicules utilisés à des fins officielles.

Services publics au siège

Article 9

1.   Les autorités compétentes font tout leur possible pour assurer, à des conditions justes et équitables, et en tout cas non moins favorables que celles accordées aux organismes du Gouvernement, la fourniture des services publics nécessaires à l'Autorité, notamment, mais non pas exclusivement, l'électricité, l'eau, le gaz, le service des égouts, l'enlèvement des ordures, les services de lutte contre l'incendie et les transports publics locaux.

2.   En cas d'interruption ou de risque d'interruption de l'un de ces services, les autorités compétentes considèrent les besoins de l'Autorité comme étant d'une importance égale à ceux des organismes gouvernementaux essentiels et prennent les mesures nécessaires pour que le fonctionnement de l'Autorité ne soit pas entravé.

3.   À la demande des autorités compétentes, le Secrétaire général prend les dispositions voulues pour que les représentants dûment habilités des services publics compétents puissent inspecter, réparer, entretenir, reconstruire ou déplacer les installations des services publics, canalisations, conduites et égouts, à l'intérieur du siège, d'une manière qui ne gêne pas outre mesure l'exercice des fonctions de l'Autorité.

4.   Dans les cas où le gaz, l'électricité ou l'eau sont fournis par les autorités compétentes, ou si les prix de ces fournitures sont soumis à un contrôle, l'Autorité

bénéficie de tarifs qui ne dépassent pas les plus bas tarifs comparables consentis aux organismes gouvernementaux.

5. Le Gouvernement fera tout ce qui est en son pouvoir pour que l'Autorité soit approvisionnée en essence ou autres carburants et en lubrifiants pour chacune de ses voitures, aux conditions consenties aux missions diplomatiques à la Jamaïque.

Facilités en matière de communications

Article 10

1. Aux fins de ses communications officielles, l'Autorité bénéficie, dans la mesure compatible avec les accords, règlements et arrangements internationaux auxquels la Jamaïque est partie, d'un traitement au moins aussi favorable que celui accordé aux missions diplomatiques accréditées auprès de la Jamaïque ou aux organisations internationales, en matière notamment de priorités, tarifs et taxes applicables au courrier et aux différentes formes de télécommunications.

2. Les autorités compétentes veillent à l'inviolabilité de toutes les communications et correspondances adressées à l'Autorité ou à l'un quelconque de ses fonctionnaires au siège, ainsi que de toutes les communications et correspondances émanant de l'Autorité, par quelque moyen ou sous quelque forme que ce soit; ces communications ne font l'objet d'aucune censure ni d'aucune autre forme d'interception ou de violation de leur secret. Cette inviolabilité s'étend, sans que cette énumération soit limitative, aux publications, photographies, films cinématographiques, communications électroniques et enregistrements sonores et magnétoscopiques envoyés à l'Autorité ou par celle-ci.

3. L'Autorité a le droit de faire usage de codes, et d'expédier et de recevoir sa correspondance et d'autres documents par courrier ou valises scellées, qui bénéficient des mêmes privilèges et immunités que les courriers et valises diplomatiques.

4.a) L'Autorité peut établir et exploiter au siège :

    i)   Ses propres installations de radiodiffusion par ondes courtes (stations émettrices et réceptrices), y compris une installation de liaison à employer en cas d'urgence, qui peuvent être utilisées sur les mêmes fréquences, dans les limites des tolérances prévues par les règlements jamaïcains applicables en matière de radiodiffusion, pour des services de radiotélégraphie, radiotéléphonie et de communication par satellite et autres services de même nature;

    ii) Toutes autres installations de radiodiffusion qui pourraient être désignées dans un accord complémentaire entre l'Autorité et les autorités compétentes;

    b) L'Autorité prend, avec l'Union internationale des télécommunications, les administrations compétentes du Gouvernement jamaïcain et des autres gouvernements intéressés, les dispositions nécessaires en ce qui concerne toutes les questions de fréquence et autres questions analogues.

5. Les installations prévues au paragraphe 4 peuvent, dans la mesure nécessaire à une exploitation efficace et avec le consentement du Gouvernement, être établies et fonctionner hors du siège.

6. Si le Secrétaire général le leur demande, les autorités compétentes fournissent à l'Autorité, pour son usage officiel, les installations de radiodiffusion et de télécommunication appropriées, en conformité avec la réglementation de l'Union internationale des télécommunications. Ces installations pourront être expressément indiquées dans un accord complémentaire entre l'Autorité et les autorités compétentes.

Liberté de publication et de radiodiffusion

Article 11

Le Gouvernement reconnaît le droit de l'Autorité de publier et de diffuser librement sur le territoire de la Jamaïque afin de réaliser les buts que lui assigne la Convention. Il est toutefois entendu que l'Autorité est tenue de respecter toutes les lois de la Jamaïque et tous les accords internationaux auxquels la Jamaïque est partie, relatifs aux publications et à la radiodiffusion.

Liberté de réunion

Article 12

1. Le Gouvernement reconnaît le droit de l'Autorité de convoquer des réunions au siège ou, avec l'accord du Gouvernement, en d'autres lieux sur le territoire de la Jamaïque.

2. Afin d'assurer pleinement la liberté de réunion et la liberté des débats, le Gouvernement prend toutes mesures appropriées pour qu'aucun obstacle ne soit mis au déroulement des travaux des réunions convoquées par l'Autorité.

Inviolabilité des archives

Article 13

1. Les archives de l'Autorité sont inviolables, où qu'elles se trouvent.

2. L'emplacement des archives sera porté à la connaissance des autorités compétentes s'il se trouve hors du siège.

Immunité et exemptions de l'Autorité, de ses biens et de ses avoirs

Article 14

1. L'Autorité, ainsi que ses biens et ses avoirs, jouissent de l'immunité de juridiction et d'exécution, sauf dans la mesure où l'Autorité y renonce expressément dans un cas particulier.

2. Les biens et les avoirs de l'Autorité, où qu'ils se trouvent et quel qu'en soit le détenteur, sont exempts de perquisition, réquisition, confiscation, expropriation et de toute autre forme de contrainte procédant d'une mesure du pouvoir exécutif ou du pouvoir législatif.

3. Les biens et les avoirs de l'Autorité sont exempts de tout contrôle, de toute restriction ou réglementation et de tout moratoire.

Exemption d'impôts ou taxes et de droits de douane

Article 15

1.   L'Autorité, dans l'exercice de ses fonctions, ainsi que ses biens, avoirs et revenus, de même que ses activités et transactions autorisées par la Convention, sont exempts de tout impôt direct, et les biens qu'elle importe ou exporte pour son usage officiel sont exempts de tous droits de douane. L'Autorité ne peut demander aucune exemption de droits perçus en rémunération de services rendus.

2.   Si des achats de biens ou de services d'une valeur substantielle, nécessaires à l'exercice des fonctions de l'Autorité, sont effectués par elle ou pour son compte et si le prix de ces biens ou services inclut des impôts, taxes ou droits, le Gouvernement prend, autant que possible, les mesures appropriées pour accorder l'exemption de ces impôts, taxes ou droits ou pour en assurer le remboursement. En ce qui concerne lesdits impôts, taxes ou droits, l'Autorité bénéficie, en tout temps, au moins des mêmes exemptions que les chefs de mission diplomatique accrédités auprès de la Jamaïque.

3.   Les biens importés ou achetés sous le régime d'exemption prévu au présent article ne doivent être ni vendus ni aliénés d'une autre manière sur le territoire de la Jamaïque, à moins que ce ne soit à des conditions convenues avec le Gouvernement.

Facilités d'ordre financier

Article 16

1.   L'Autorité peut librement, sans être astreinte à aucun contrôle, réglementation ou moratoire financier :

a)   Acheter toutes monnaies par les voies autorisées, les détenir et en disposer;

b)   Disposer de comptes en toutes monnaies;

c)   Acheter par les voies autorisées ou détenir des fonds, des valeurs et de l'or et en disposer;

d)   Transférer ses fonds, ses valeurs, son or et ses devises de la Jamaïque dans un autre pays ou inversement, ou à l'intérieur de la Jamaïque; et

e)   Se procurer des fonds, par l'exercice de son droit de contracter des emprunts ou de toute autre manière qu'elle juge souhaitable; toutefois, lorsque cette opération a lieu sur le territoire de la Jamaïque, l'Autorité doit obtenir l'assentiment du Gouvernement.

2.   Le Gouvernement fait tout son possible pour permettre à l'Autorité d'obtenir les conditions les plus favorables en matière de taux de change, de commissions bancaires sur les opérations de change et autres questions du même ordre.

3.   Dans l'exercice des droits qui lui sont accordés par le présent article, l'Autorité tient dûment compte de toutes représentations pouvant lui être faites par le Gouvernement, dans la mesure où elle peut y donner suite sans nuire à ses intérêts.

Bureau principal de l'Entreprise

Article 17

L'Entreprise a son bureau principal au siège de l'Autorité.

Statut juridique de l'Entreprise

Article 18

L'Entreprise, dans le cadre de la personnalité juridique internationale de l'Autorité, a la capacité juridique qui lui est nécessaire pour exercer ses fonctions et atteindre ses buts, et notamment celle :

a) De conclure des contrats et des accords de coentreprise ou autres, y compris des accords avec des États ou des organisations internationales;
b) D'acquérir, louer, détenir et aliéner des biens mobiliers et immobiliers;
c) D'ester en justice.

Action en justice contre l'Entreprise

Article 19

1. L'Entreprise peut être poursuivie devant les tribunaux compétents de la Jamaïque.

2. Les biens et les avoirs de l'Entreprise, où qu'ils se trouvent et quel qu'en soit le détenteur, sont exempts de toute forme de saisie ou autres voies d'exécution tant qu'un jugement définitif contre l'Entreprise n'a pas été rendu.

Immunité des biens et avoirs de l'Entreprise

Article 20

1. Les biens et avoirs de l'Entreprise, où qu'ils se trouvent et quel qu'en soit le détenteur, sont exempts de réquisition, confiscation, expropriation, ou toute autre forme de contrainte procédant d'une mesure du pouvoir exécutif ou du pouvoir législatif.

2. Les biens et avoirs de l'Entreprise, où qu'ils se trouvent et quel qu'en soit le détenteur, ne sont astreints à aucun contrôle, restriction, réglementation ou moratoire de caractère discriminatoire, de quelque nature que ce soit.

Respect par l'Entreprise des lois de la Jamaïque

Article 21

L'Entreprise respecte les lois de la Jamaïque.

Droits, privilèges et immunités de l'Entreprise

Article 22

1. Le Gouvernement fait en sorte que l'Entreprise jouisse de tous les droits, privilèges et immunités qu'il accorde à des entités exerçant des activités commerciales sur son territoire. Ces droits, privilèges et immunités sont accordés à l'Entreprise selon des modalités non moins favorables que celles appliquées aux entités exerçant des activités commerciales similaires. Lorsque la Jamaïque accorde des privilèges spéciaux à des États en développement ou à leurs entités commerciales, l'Entreprise bénéficie de ces privilèges sur une base préférentielle analogue.

2. Le Gouvernement peut accorder à l'Entreprise des incitations, droits, privilèges et immunités spéciaux sans être tenu de les accorder à d'autres entités commerciales.

Exemption des impôts directs et indirects

Article 23

Le Gouvernement et l'Entreprise concluent des accords spéciaux concernant l'exemption de l'Entreprise d'impôts directs et indirects.

Facilités d'ordre financier accordées à l'Entreprise

Article 24

L'Entreprise a la capacité de contracter des emprunts et de fournir telle garantie ou autre sûreté qu'elle peut déterminer. Avant de procéder à une vente publique de ses obligations sur les marchés financiers ou dans la monnaie de la Jamaïque, l'Entreprise obtient l'assentiment du Gouvernement.

Renonciation aux privilèges et immunités

Article 25

L'Entreprise peut renoncer, dans la mesure et selon les conditions décidées par elle, à tout privilège ou à toute immunité que lui confèrent les articles 18, 19, 20, 21, 22 et 23 du présent Accord ou les accords spéciaux visés à l'article 51.

Liberté d'accès et de résidence

Article 26

1. Le Gouvernement prend toutes les mesures nécessaires pour faciliter l'entrée et le séjour en territoire jamaïcain des personnes énumérées ci-après et ne met aucun obstacle à leur sortie de ce territoire; il veille à ce que leurs déplacements à destination ou en provenance du siège ne subissent aucune entrave et leur accorde la protection nécessaire pendant ces déplacements :

a) Les représentants des membres de l'Autorité et des observateurs de l'Autorité, y compris les représentants suppléants, les conseillers, les experts et les membres du personnel ainsi que leur conjoint, les membres à charge de leur famille et leur personnel domestique;

b) Les fonctionnaires de l'Autorité, ainsi que leur conjoint, les membres à charge de leur famille et leur personnel domestique;

c) Les fonctionnaires de l'Organisation des Nations Unies, de l'une de ses institutions spécialisées ou de l'Agence internationale de l'énergie atomique, qui sont attachés à l'Autorité ou sont en mission auprès d'elle, ainsi que leur conjoint, les membres à charge de leur famille et leur personnel domestique;

d) Les représentants des autres organisations avec lesquelles l'Autorité a établi des relations officielles et qui sont en mission auprès de l'Autorité, ainsi que leur conjoint et les membres à charge de leur famille;

e) Les personnes en mission pour le compte de l'Autorité sans en être fonctionnaires, ainsi que leur conjoint et les membres à charge de leur famille;

f) Les représentants de la presse, de la radiodiffusion, du cinéma, de la télévision ou d'autres moyens d'information que l'Autorité a décidé d'agréer après consultation avec le Gouvernement;

g) Toutes les personnes invitées par l'Autorité à se rendre en mission au siège. Le Secrétaire général communique les noms de ces personnes au Gouvernement avant la date prévue pour leur entrée.

2. Le présent article ne s'applique pas dans le cas d'une interruption générale des transports, visé au paragraphe 2 de l'article 9, et ne porte pas atteinte à l'effet des lois généralement applicables relatives au fonctionnement des moyens de transport.

3. Les visas qui peuvent être nécessaires aux personnes mentionnées au paragraphe 1 sont accordés sans frais et aussi rapidement que possible.

4. Les activités se rapportant à l'Autorité, qu'exercent à titre officiel les personnes mentionnées au paragraphe 1, ne sauraient en aucun cas constituer pour les autorités jamaïcaines une raison d'empêcher lesdites personnes d'entrer sur le territoire de la Jamaïque ou de le quitter, ou de les contraindre à le quitter.

5. Le Gouvernement ne peut inviter aucune des personnes visées au paragraphe 1 à quitter le territoire de la Jamaïque, sauf en cas d'abus du droit de résidence; dans ce cas, les dispositions suivantes seraient applicables :

a) Aucune procédure n'est engagée pour contraindre l'une des personnes susvisées à quitter le territoire de la Jamaïque sans l'approbation préalable du Ministre des affaires étrangères de la Jamaïque;

b) S'il s'agit d'un représentant d'un membre de l'Autorité ou d'un État observateur, cette approbation ne peut être donnée qu'après consultation avec le Gouvernement du Membre ou de l'État observateur intéressé;

c) S'il s'agit d'une autre personne visée au paragraphe 1, cette approbation ne peut être donnée qu'après consultation avec le Secrétaire général; si une procédure d'expulsion est engagée contre cette personne, le Secrétaire général a le droit d'intervenir ou de se faire représenter dans cette procédure pour le compte de la personne contre laquelle elle est engagée; et

d) Les fonctionnaires de l'Autorité jouissant des privilèges et immunités diplomatiques en vertu de l'article 34 ne peuvent être invités à quitter le territoire de la Jamaïque si ce n'est conformément à la procédure normalement suivie pour le personnel de rang comparable des missions diplomatiques à la Jamaïque.

6. Il est entendu que les personnes visées au paragraphe 1 ne sont pas exemptes de l'application raisonnable des règlements de quarantaine ou de santé publique.

7. Le présent article ne dispense pas de la production, sur demande, de preuves raisonnables établissant que les personnes se réclamant des droits accordés par le présent article entrent bien dans les catégories prévues au paragraphe 1.

8. Le Secrétaire général et les autorités compétentes se consultent, à la demande de l'un d'eux, au sujet des mesures propres à faciliter l'entrée sur le territoire de la

Jamaïque aux personnes venant de l'étranger qui désirent se rendre au siège et qui ne bénéficient pas des privilèges et immunités prévus aux articles 33, 34, 35 et 36.

Établissement de missions

Article 27

1.   Tout membre de l'Autorité peut établir une mission permanente et tout État observateur peut établir une mission permanente d'observation à la Jamaïque pour représenter ledit État auprès de l'Autorité. Cette mission est accréditée auprès de l'Autorité.

2.   Les membres de l'Autorité et les États observateurs notifient au Secrétaire général leur intention d'établir une mission permanente ou une mission d'observation.

3.   Lors de la réception d'une telle notification, le Secrétaire général notifie au Gouvernement l'intention du membre de l'Autorité ou de l'État observateur d'établir une mission permanente ou une mission permanente d'observation.

4.   La mission permanente ou la mission d'observation notifie au Secrétaire général les noms de ses membres ainsi que de leur conjoint et des membres à charge de leur famille.

5.   Le Secrétaire général communique au Gouvernement la liste des personnes visées au paragraphe 4 et la met à jour chaque fois qu'il y a lieu.

6.   Le Gouvernement délivre aux membres de la mission permanente ou de la mission permanente d'observation ainsi qu'à leur conjoint et aux membres à charge de leur famille une carte d'identité certifiant qu'ils bénéficient des privilèges, immunités et facilités spécifiés dans le présent Accord. Cette carte sert à identifier son titulaire auprès des autorités compétentes.

Privilèges et immunités des missions

Article 28

La mission permanente ou la mission permanente d'observation jouit des privilèges et immunités accordés aux missions diplomatiques à la Jamaïque.

Privilèges et immunités des membres des missions

Article 29

Les membres d'une mission permanente ou d'une mission permanente d'observation ont droit aux mêmes privilèges et immunités que ceux que le Gouvernement accorde aux membres d'un rang comparable d'une mission diplomatique à la Jamaïque.

Notifications

Article 30

1.   Les membres de l'Autorité ou les États observateurs notifient à l'Autorité la nomination, la position et le titre des membres de la mission permanente ou de

la mission d'observation, leur arrivée, leur départ définitif ou la cessation de leurs fonctions dans la mission ainsi que tous autres changements intéressant leur statut qui peuvent se produire au cours de leur service dans la mission.

2.   L'Autorité communique au Gouvernement l'information visée au paragraphe 1.

Assistance de l'Autorité en matière de privilèges et d'immunités

Article 31

1.   L'Autorité aide, s'il en est besoin, les membres de l'Autorité ou les États observateurs, leurs missions permanentes et les membres de celles-ci à s'assurer la jouissance des privilèges et immunités prévus dans le présent Accord.

2.   L'Autorité aide, s'il en est besoin, le Gouvernement à obtenir l'exécution des obligations qui incombent aux membres de l'Autorité et aux États observateurs, à leurs missions et aux membres de celles-ci du fait des privilèges et immunités prévus dans le présent Accord.

Privilèges et immunités des fonctionnaires de l'Autorité

Article 32

1.   Sans préjudice des dispositions de l'article 34, les fonctionnaires de l'Autorité quels que soient leur nationalité et leur rang, jouissent sur le territoire de la Jamaïque des privilèges et immunités ci-après :

a)   L'immunité de juridiction et d'exécution pour leurs paroles, leurs écrits et les actes accomplis par eux en leur qualité officielle; cette immunité subsiste même si les intéressés ont cessé d'être fonctionnaires de l'Autorité;

b)   L'immunité d'arrestation personnelle ou de détention pour les actes accomplis par eux en leur qualité officielle;

c)   L'immunité d'inspection et de saisie des bagages personnels et officiels, sauf en cas de flagrant délit. Dans de tels cas, les autorités compétentes informent immédiatement le Secrétaire général. Dans le cas des bagages personnels, l'inspection ne peut avoir lieu qu'en présence du fonctionnaire concerné ou de son représentant autorisé, et dans celui des bagages officiels, en présence du Secrétaire général ou de son représentant autorisé;

d)   L'exemption de tout impôt sur les traitements et émoluments payés par l'Autorité ou sur toute autre forme de versement effectué par elle;

e)   L'exemption de toute forme d'impôt sur leurs revenus provenant de sources extérieures au territoire de la Jamaïque;

f)   L'exemption des droits d'enregistrement pour leurs automobiles;

g)   L'exemption de toutes mesures restrictives relatives à l'immigration et de toutes formalités d'enregistrement des étrangers;

h)   L'exemption de toutes obligations de service national; toutefois, en ce qui concerne les ressortissants jamaïcains, cette exemption est limitée aux fonctionnaires de l'Autorité qui, en raison de leurs attributions, figurent sur une liste dressée par le Secrétaire général et approuvée par le Gouvernement; pour les fonctionnaires de l'Autorité de nationalité jamaïcaine ne figurant pas sur la liste précitée et appelés à remplir des obligations de service national, le Gouvernement accorde, sur la demande du Secrétaire général, le sursis nécessaire pour éviter toute interruption des activités essentielles de l'Autorité;

i) Le droit d'acheter de l'essence hors taxe pour leurs véhicules dans les mêmes conditions que les membres des missions diplomatiques accréditées à la Jamaïque;

j) L'exemption, pour eux-mêmes dans l'exercice de leurs fonctions officielles, de toute restriction à la liberté de mouvement et de déplacement à l'intérieur de la Jamaïque;

k) En matière de change, y compris pour ce qui est des comptes en devises, les mêmes facilités que celles accordées aux membres des missions diplomatiques à la Jamaïque;

l) La même protection et les mêmes facilités de rapatriement que celles accordées en période de crise internationale aux membres des missions diplomatiques à la Jamaïque;

m) Le droit d'importer en franchise pour leur usage personnel et sans être soumis aux interdictions et restrictions à l'importation :

    i) Leur mobilier, biens d'équipement ménager et effets personnels, en un ou plusieurs envois, et, par la suite, les articles nécessaires pour les compléter;

    ii) Conformément aux lois pertinentes de la Jamaïque, une automobile tous les trois ans, et dans le cas des fonctionnaires accompagnés par des personnes à charge, une deuxième automobile si le Secrétaire général adresse au Gouvernement une demande dans ce sens; toutefois, dans des cas particuliers, si le Secrétaire général et le Gouvernement en conviennent, le remplacement peut avoir lieu plus tôt en raison de la perte de l'automobile, de dommages considérables ou pour d'autres motifs; les automobiles peuvent être vendues à la Jamaïque après leur importation, sous réserve des lois concernant le paiement des droits de douane et de la pratique diplomatique établie à la Jamaïque durant la période d'affectation. Après trois ans, lesdites automobiles peuvent être vendues sans paiement de droits de douane;

    iii) Des quantités raisonnables de certains articles, y compris des alcools, du tabac, des cigarettes et des produits alimentaires, pour leur consommation ou leur usage personnel, et qu'il leur sera interdit de donner ou de vendre. L'Autorité pourra créer un économat pour la vente de ces articles à ses fonctionnaires et aux membres des délégations. Un accord complémentaire sera conclu entre le Secrétaire général et le Gouvernement pour régir l'exercice de ces droits.

2.   Les facilités, privilèges et immunités accordés aux fonctionnaires de l'Autorité aux alinéas g), h), j) et l) du paragraphe 1 le sont également à leur conjoint et aux membres à charge de leur famille.

Privilèges et immunités supplémentaires accordés au Secrétaire général et aux autres hauts fonctionnaires de l'Autorité

Article 33

1.   Le Secrétaire général et le Directeur général bénéficient des mêmes privilèges et immunités que ceux accordés aux chefs des missions diplomatiques à la Jamaïque.

2.   Les fonctionnaires de l'Autorité de la classe P-4 et de rang supérieur et les fonctionnaires de l'Autorité d'autres catégories que le Secrétaire général pourra désigner dans un accord avec le Gouvernement en raison des responsabilités attachées au poste qu'ils occupent à l'Autorité, quelle que soit leur nationalité, jouissent des privilèges et immunités que le Gouvernement accorde aux membres de rang comparable d'une mission diplomatique à la Jamaïque.

Application de l'Accord aux fonctionnaires d'autres organisations internationales

Article 34

Les dispositions des articles 32, 33, paragraphe 2, et 36 s'appliquent aux fonctionnaires de l'Organisation des Nations Unies et de ses institutions spécialisées ainsi que de l'Agence internationale de l'énergie atomique détachés de façon permanente auprès de l'Autorité.

Privilèges et immunités des experts

Article 35

1.   Les experts, autres que les fonctionnaires de l'Autorité, lorsqu'ils accomplissent les fonctions qui leur ont été confiées par l'Autorité ou au cours des voyages qu'ils effectuent pour prendre ces fonctions ou dans l'exercice de ces dernières, jouissent des facilités, privilèges et immunités ci-après nécessaires à l'exercice effectif de leurs fonctions :

a)   L'immunité de juridiction et d'exécution pour leurs paroles, leurs écrits et tous les actes accomplis par eux en leur qualité officielle; cette immunité subsiste même si les intéressés ont cessé d'exercer leurs fonctions à l'Autorité;

b)   L'immunité d'arrestation personnelle ou de détention pour les actes accomplis par eux en leur qualité officielle;

c)   L'immunité d'inspection et de saisie des bagages personnels et officiels, sauf en cas de flagrant délit. Dans de tels cas, les autorités compétentes informent immédiatement le Secrétaire général. Dans le cas des bagages personnels, l'inspection ne peut avoir lieu qu'en présence du fonctionnaire concerné ou de son représentant autorisé, et dans celui des bagages officiels, en présence du Secrétaire général ou de son représentant autorisé;

d)   L'exemption de tout impôt sur les traitements et émoluments payés par l'Autorité ou sur toute autre forme de versement effectué par elle, étant entendu que les ressortissants de la Jamaïque ne jouissent de ces exemptions qu'avec l'accord du Gouvernement;

e)   L'inviolabilité de tous papiers et autre documentation officielle;

f)   Le droit, dans toutes leurs communications avec l'Autorité, de faire usage de codes et d'expédier ou de recevoir des papiers, de la correspondance ou d'autres documents officiels par courrier ou par valise scellée;

g)   L'exemption de toutes mesures restrictives relatives à l'immigration, de toutes formalités d'enregistrement des étrangers et de toutes obligations de service national;

h)   La même protection et les mêmes facilités de rapatriement que celles accordées aux membres des missions diplomatiques à la Jamaïque;

i)   Les mêmes privilèges, en ce qui concerne les restrictions monétaires et de change, que ceux accordés aux représentants de gouvernements étrangers en mission officielle temporaire.

2.   Les facilités, privilèges et immunités accordés aux experts aux alinéas g) et h) du paragraphe 1 le sont également à leur conjoint et aux membres à charge de leur famille.

Levée des immunités des fonctionnaires de l'Autorité et des experts

Article 36

Les privilèges et immunités sont accordés aux fonctionnaires de l'Autorité et aux experts dans l'intérêt de l'Autorité et non à leur avantage personnel. Le Secrétaire général peut et doit lever l'immunité accordée à un fonctionnaire de l'Autorité ou à un expert dans tous les cas où, à son avis, cette immunité empêcherait que justice soit faite et peut être levée sans porter préjudice aux intérêts de l'Autorité. À l'égard du Secrétaire général, le Conseil a qualité pour prononcer la levée des immunités.

Liste des fonctionnaires de l'Autorité et des experts

Article 37

Le Secrétaire général communique au Gouvernement la liste des personnes visées aux articles 32, 33, 34 et 35 et la met à jour chaque fois qu'il y a lieu.

Abus des privilèges et immunités

Article 38

1.   Le Secrétaire général prend toutes mesures utiles afin de prévenir tout abus des privilèges et immunités conférés en vertu du présent Accord et, à cet effet, le Conseil adopte à l'égard des fonctionnaires de l'Autorité les dispositions réglementaires qui paraissent nécessaires et opportunes.

2.   Si le Gouvernement estime qu'il y a eu abus d'un privilège ou d'une immunité conféré en vertu du présent Accord, le Secrétaire général tient des consultations avec le Gouvernement, à sa demande, en vue de déterminer si un tel abus s'est produit. Si ces consultations n'aboutissent pas à un résultat satisfaisant pour le Secrétaire général et pour le Gouvernement, la question est réglée conformément à la procédure prévue à l'article 48.

Carte d'identité

Article 39

Le Gouvernement délivre aux fonctionnaires de l'Autorité et aux experts une carte d'identité certifiant qu'ils bénéficient des privilèges, immunités et facilités spécifiés dans le présent Accord. Cette carte sert également à identifier son titulaire auprès des autorités compétentes.

Collaboration avec les autorités compétentes

Article 40

L'Autorité collabore, en tout temps, avec les autorités compétentes en vue de faciliter la bonne administration de la justice, d'assurer l'observation des règlements de police et d'éviter tout abus auquel pourraient donner lieu les privilèges, immunités et facilités mentionnés dans le présent Accord.

Respect des lois de la Jamaïque

Article 41

Sans préjudice des privilèges, immunités et facilités accordés par le présent Accord, toutes les personnes qui bénéficient de ces privilèges, immunités et facilités ont le devoir de respecter les lois de la Jamaïque. Elles ont également le devoir de ne pas s'immiscer dans les affaires intérieures de la Jamaïque.

Laissez-passer

Article 42

1. Le Gouvernement reconnaît et accepte comme document officiel de voyage équivalant à un passeport le laissez-passer délivré aux fonctionnaires de l'Autorité.

2. Le Gouvernement reconnaît et accepte les certificats des Nations Unies délivrés aux experts et autres personnes voyageant pour le compte de l'Autorité. Le Gouvernement s'engage à délivrer tout visa nécessaire sur la base de ces certificats.

3. Les demandes de visa émanant des titulaires de laissez-passer des Nations Unies et accompagnées d'un certificat attestant que les intéressés voyagent pour le compte de l'Autorité doivent être examinées dans le plus bref délai possible.

4. Des facilités analogues à celles mentionnées au paragraphe 3 sont accordées aux experts et autres personnes qui, sans être munies d'un laissez-passer, sont porteurs d'un certificat attestant qu'ils voyagent pour le compte de l'Autorité.

Sécurité sociale et caisse des pensions

Article 43

1. La Caisse commune des pensions du personnel des Nations Unies a la capacité juridique à la Jamaïque et jouit des mêmes exemptions, privilèges et immunités que l'Autorité elle-même.

2. L'Autorité est exempte de toute contribution obligatoire à un régime de sécurité sociale de la Jamaïque, et le Gouvernement ne peut exiger des fonctionnaires de l'Autorité qu'ils adhèrent à un tel régime.

3. Le Gouvernement prend les mesures nécessaires pour permettre à tout fonctionnaire de l'Autorité qui n'est pas protégé par un plan de sécurité sociale de l'Autorité d'adhérer, à la demande de cette dernière, à tout régime de sécurité sociale de la Jamaïque, dans la mesure où un tel régime existe. L'Autorité prend, dans la mesure du possible, des dispositions arrêtées d'un commun accord en vue de permettre la participation à tout régime de sécurité sociale jamaïcain, dans la mesure où un tel régime existe, des membres de son personnel recrutés sur place qui ne participent pas à la Caisse commune des pensions du personnel des Nations Unies ou auxquels l'Autorité n'accorde pas, en vertu d'un plan de sécurité sociale, une protection au moins équivalente à celle que donnent les lois de la Jamaïque.

Responsabilité et assurance

Article 44

1. L'établissement du siège de l'Autorité sur son territoire ne met à la charge de la Jamaïque aucune responsabilité internationale du fait de l'Autorité ou de ses fonctionnaires agissant ou s'abstenant d'agir dans le cadre de leurs fonctions, en dehors de celle qui lui incombe en sa qualité de membre de l'Autorité.

2. Sans préjudice des immunités dont elle jouit en vertu du présent Accord, l'Autorité contracte une assurance couvrant sa responsabilité au titre de tout préjudice ou dommage découlant de ses activités en Jamaïque ou de son utilisation du siège que pourraient subir des personnes autres que les fonctionnaires de l'Autorité ou le Gouvernement. À cette fin, les autorités compétentes font tout ce qu'on peut raisonnablement attendre d'elles pour obtenir, à un tarif raisonnable, pour l'Autorité, une couverture d'assurance telle que les demandes d'indemnisation puissent être directement soumises à l'assureur par les parties lésées. Ces demandes et la responsabilité en question sont régies par les lois de la Jamaïque sans préjudice des privilèges et immunités de l'Autorité.

Sécurité

Article 45

Sans préjudice de la faculté de l'Autorité d'exercer ses fonctions normalement et sans restriction, le Gouvernement peut prendre toute mesure préventive pour préserver la sécurité nationale de la Jamaïque après consultation avec le Secrétaire général.

Responsabilité du Gouvernement

Article 46

Le Gouvernement est responsable en dernier ressort de l'exécution par les autorités compétentes des obligations que le présent Accord met à leur charge.

Accord spécial relatif à l'Entreprise

Article 47

Les dispositions du présent Accord concernant l'Entreprise pourront être complétées par un accord spécial devant être conclu entre l'Entreprise et le Gouvernement conformément à l'annexe IV, article 13, paragraphe 1, de la Convention.

Règlement des différends

Article 48

1.   L'Autorité prend des dispositions appropriées en vue du règlement satisfaisant :

   a)   Des différends résultant de contrats et des différends de droit privé auxquels l'Autorité est partie;

   b)   Des différends mettant en cause un fonctionnaire de l'Autorité ou toute personne qui en raison de sa situation officielle jouit de l'immunité, sauf si cette immunité a été levée par l'Autorité.

2.   Tout différend entre l'Autorité et les autorités compétentes au sujet de l'interprétation ou de l'application du présent Accord ou de tout accord complémentaire ou au sujet de toute question touchant le siège ou les relations entre l'Autorité et le Gouvernement qui n'est pas réglé par voie de consultation, de négociation ou par un autre mode de règlement convenu dans les trois mois qui suivent une telle demande de la part d'une des parties au différend est soumis, à la demande de l'une ou l'autre partie, aux fins de décision définitive et ayant force obligatoire, à une chambre composée de trois arbitres, dont un désigné par le Secrétaire général et un autre par le Gouvernement. Si l'un ou l'autre de ces arbitres ou les deux n'ont pas été désignés dans les trois mois qui suivent la demande d'arbitrage, le Président du Tribunal international du droit de la mer procède à la nomination. Le troisième arbitre, qui assurera la présidence, est choisi par les deux autres arbitres. À défaut d'accord entre les deux premiers arbitres sur le choix du troisième dans les trois mois qui suivent leur désignation ou nomination, le troisième arbitre est choisi par le Président du Tribunal international du droit de la mer à la demande de l'Autorité ou du Gouvernement.

Application de l'Accord

Article 49

Le présent Accord s'applique, que le Gouvernement entretienne ou non des relations diplomatiques avec un membre de l'Autorité ou un État observateur. Il s'applique à toutes les personnes bénéficiant de privilèges et d'immunités en vertu du présent Accord, quelle que soit leur nationalité et que leur État accorde ou non un privilège ou une immunité similaire aux agents diplomatiques ou aux ressortissants de la Jamaïque.

Rapport entre le présent Accord et la Convention générale

Article 50

Les dispositions du présent Accord complètent celles du Protocole. Dans la mesure où une disposition du présent Accord et une disposition du Protocole ont trait à la même question, les deux dispositions sont considérées, autant que possible, comme complémentaires et s'appliquent toutes deux sans que l'une d'elle ne puisse limiter les effets de l'autre. Toutefois, en cas de contradiction, les dispositions du présent Accord l'emportent.

Accords complémentaires

Article 51

1. L'Autorité et le Gouvernement pourront conclure les accords complémentaires qu'ils jugeront nécessaires.

2. Au cas où le Gouvernement conclurait avec une organisation intergouvernementale un accord contenant des clauses ou conditions plus favorables à cette organisation que celles énoncées dans le présent Accord, le Gouvernement applique ces clauses ou conditions plus favorables à l'Autorité, en concluant un accord complémentaire à cet effet.

3. Le paragraphe 2 ne s'applique pas aux clauses ou conditions accordées par le Gouvernement en application d'un accord portant création d'une union douanière, d'une zone franche ou d'une organisation à vocation d'intégration.

Amendements

Article 52

Il sera procédé à des consultations, à la demande de l'une ou l'autre des parties, au sujet d'amendements au présent Accord. Ces amendements seront apportés par consentement mutuel et feront l'objet d'un échange de lettres ou d'un accord entre l'Autorité et le Gouvernement.

Extinction du présent Accord

Article 53

Le présent Accord cessera d'être en vigueur si l'Autorité et le Gouvernement en sont ainsi convenus, exception faite toutefois des dispositions à appliquer pour mettre fin de façon ordonnée aux activités de l'Autorité à son siège en Jamaïque et pour la liquidation de ses biens situés audit siège.

Dispositions finales

Article 54

1. Le présent Accord entrera en vigueur dès qu'il aura été approuvé par l'Assemblée de l'Autorité et le Gouvernement jamaïcain.

2. Le présent Accord sera appliqué provisoirement par l'Autorité et le Gouvernement dès sa signature par le Secrétaire général de l'Autorité et au nom du Gouvernement jamaïcain.

ACCORD COMPLÉMENTAIRE ENTRE L'AUTORITÉ INTERNATIONALE DES FONDS MARINS ET LE GOUVERNEMENT JAMAÏCAIN RELATIF AU SIÈGE DE L'AUTORITÉ INTERNATIONALE DES FONDS MARINS ET À L'UTILISATION DU CENTRE DE CONFÉRENCES DE LA JAMAÏQUE

Conformément à l'Accord conclu entre l'Autorité internationale des fonds marins (ci-après dénommée « l'Autorité ») et le Gouvernement jamaïcain (ci-après dénommé « le Gouvernement ») relatif au siège de l'Autorité à Kingston, le 26 août 1999 (ci-après dénommé « l'Accord de siège »);

Considérant que, conformément à l'article 2 de l'Accord de siège, le Gouvernement s'est engagé à concéder à l'Autorité, aux fins d'utilisation et d'occupation permanentes, la zone et toutes installations désignées dans des accords complémentaires devant être conclus à cette fin; .

Désireuses de conclure un tel accord, en complément de l'Accord de siège, pour régulariser les conditions dans lesquelles l'Autorité peut occuper et utiliser son siège et fixant celles dans lesquelles elle aura l'usage des équipements du Centre de conférences de la Jamaïque pour ses réunions;

Les parties sont convenues de ce qui suit :

Emploi des termes

Article premier

1.   Les termes employés dans le présent Accord s'entendent dans le même sens que ceux employés dans l'Accord de siège.

2.   Le présent Accord comporte des annexes, qui en font intégralement partie.

But et portée de l'Accord

Article 2

Le présent Accord a pour objet de fixer les conditions régissant l'occupation et l'usage que fera l'Autorité des locaux qui lui sont cédés par le Gouvernement à titre de siège permanent à Kingston, Jamaïque, ainsi que l'utilisation du Centre de conférences de la Jamaïque aux fins de ses activités.

Concession de locaux

Article 3

Le Gouvernement cède par les présentes à l'Autorité par bail emphytéotique de 99 ans et sans autres obligations financières que celles spécifiées dans le présent Accord, tous les locaux représentés à l'annexe 1 (ci-après dénommés « les locaux ») à titre de siège permanent à Kingston, Jamaïque, locaux auxquels elle aura librement accès, avec le droit d'utiliser en commun avec les autres locataires du bâtiment dont ces locaux font partie, les services collectifs, ascenseurs, équipements de lutte contre l'incendie, installations de climatisation, aire de stationnement et autres espaces communs. Si des locaux supplémentaires sont nécessaires à l'Autorité dans le bâtiment, l'annexe 1 sera modifiée et les dispositions du présent Accord s'appliqueront *mutatis mutandis* aux locaux supplémentaires.

Utilisation et occupation des locaux

Article 4

1. Les locaux sont utilisés et occupés par l'Autorité à titre de siège permanent à Kingston, Jamaïque.

2. L'Autorité a le droit de paisible jouissance des locaux, sans interruption ni perturbations abusives, pour la conduite de ses activités officielles. Les autorités compétentes prennent toutes les mesures nécessaires pour que l'usage fait des terrains avoisinant ne gêne pas l'utilisation de ces locaux aux fins prévues.

3. L'Autorité prend toutes les mesures nécessaires pour que ses locaux ne soient pas utilisés à d'autres fins que celles prévues et pour ne pas gêner outre mesure l'accès aux terrains et bâtiments voisins.

Dépenses de fonctionnement afférentes aux locaux

Article 5

1. Pendant toute la durée du bail, l'Autorité s'acquittera d'une contribution proportionnelle à l'espace qu'elle occupe, aux dépenses supportées par le Gouvernement pour l'entretien et l'usure normale de l'immeuble comme indiqué à l'annexe II, (ci-après appelée « Contribution mensuelle à l'entretien »).

2. Le montant de la contribution mensuelle à l'entretien est versé à la fin de chaque mois et constitue la seule participation de l'Autorité aux dépenses entraînées par l'occupation et l'utilisation des locaux. L'Autorité s'acquitte directement des dépenses correspondant à sa consommation d'électricité dans les locaux occupés par elle.

3. La contribution mensuelle à l'entretien sera réexaminée trois ans après la date de prise d'effet du présent Accord et tous les deux ans par la suite. À l'issue de cet examen, le Gouvernement et l'Autorité pourront apporter d'un commun accord les ajustements nécessaires à l'annexe II. Si des circonstances particulières exigent que la situation soit réexaminée avant l'expiration du délai de deux ans à date du dernier examen, l'une et l'autre parties peuvent à tout moment demander un réexamen de la contribution mensuelle à l'entretien, conformément aux dispositions de l'article 17.

Transformations, agencements fixes, installations et entretien des locaux

Article 6

1. Le Gouvernement assurera, à ses frais, l'entretien des locaux, des terrains et du bâtiment dont ils font partie, fera les réparations nécessaires à leur maintien en bon état et veillera à ce que les abords de l'immeuble, le bâtiment et les espaces collectifs, y compris les ascenseurs, les équipements de protection contre l'incendie et les installations de climatisation, soient entretenus, d'un abord plaisant, et en bon état de marche.

2. Le Gouvernement assurera à ses frais, l'approvisionnement en eau et électricité, et tous autres services et facilités indispensables à l'Autorité dans l'exercice de ses fonctions. Les services d'ascenseur, de climatisation et de nettoyage seront assurés comme indiqué à l'annexe II.

3. Le Gouvernement prend à sa charge les travaux de restauration, rénovation, grosses réparations ou gros entretien des locaux, y compris les réparations tendant les structures du bâtiment, les installations, aménagements fixes et équipements, notamment les équipements de contrôle, les installations de climatisation, la plomberie et les installations électriques.

4. Le Gouvernement facilite, le cas échéant, à la demande du Secrétaire général, l'installation de l'équipement visé au paragraphe 6 de l'article 10 de l'Accord de siège afin que l'Autorité puisse disposer de son propre système de télécommunications.

5. L'Autorité signale aux autorités compétentes toutes réparations nécessaires prises en charge par le Gouvernement, qui, par leur intermédiaire, prendra rapidement et efficacement les mesures appropriées.

6. L'Autorité peut, après en avoir notifié les autorités compétentes procéder à ses frais, à des modifications, installations et aménagements fixes aux fins de ses propres activités. Les modifications affectant la structure du bâtiment seront effectuées par l'Autorité avec l'assentiment des autorités compétentes et compte tenu de la réglementation du pays hôte en matière de construction.

7. Le matériel, les agencements ou installations placés ou installés par l'Autorité, à l'exception des agencements ou installations inamovibles, ne seront pas considérés comme des biens immeubles et pourront être enlevés par l'Autorité à tout moment pendant la durée du présent Accord, lorsqu'il viendra à expiration ou sera renouvelé, exception faite des améliorations que le Gouvernement pourra, moyennant un préavis de 30 jours à l'Autorité et avec l'agrément de celle-ci, s'approprier en lui en remboursant le coût, à leur valeur comptable. Étant entendu que lors de l'enlèvement du matériel, des agencements ou installations, l'Autorité devra, si le Gouvernement en fait la demande, remettre les locaux dans l'état où ils se trouvaient au moment où elle en a pris possession, compte tenu de l'usure raisonnable et normale et des dommages causés par les éléments ou du fait de circonstances échappant à son contrôle.

Dommages causés aux bâtiments

Article 7

1.   L'Autorité n'est pas responsable de la restauration ou de la reconstruction des locaux au cas où ceux-ci seraient endommagés ou détruits par le feu ou toute autre cause extérieure, y compris des facteurs de force majeure.

2.   Dans l'éventualité d'une destruction complète des locaux ou du bâtiment dont ils font partie par le feu, du fait d'un facteur de force majeure ou de toute autre cause, le présent Accord, y compris les obligations financières assumées par l'Autorité, prendra immédiatement fin. En pareil cas, le Gouvernement fournit à l'Autorité d'autres locaux appropriés.

3.   Dans l'éventualité d'une destruction partielle des locaux ou du bâtiment dont ils font partie, l'Autorité pourra choisir de maintenir l'Accord en vigueur si le Gouvernement, dans les 60 jours suivant cet événement, la convainc que des mesures adéquates ont été prises ou sont prévues pour réparer les locaux dans un délai raisonnable. Si l'Autorité décide de rester dans les locaux rendus partiellement inutilisables, elle aura droit à une réduction proportionnelle au préjudice subi des paiements déjà effectués ou dus au Gouvernement conformément au présent Accord.

Accès aux locaux

Article 8

Sans préjudice de l'article 5 de l'Accord de siège, l'Autorité, à la demande des autorités jamaïcaines compétentes, prend les dispositions voulues pour que les représentants des services jamaïcains compétents puissent pénétrer, avec préavis, et sous réserve de l'approbation préalable du Secrétaire général, dans les locaux pour vérifier l'état des lieux et inspecter les installations et aménagements d'une manière qui ne le gêne pas outre mesure dans l'exercice de ses fonctions.

Utilisation du Centre

Article 9

1.   Le Gouvernement convient par le présent Accord de mettre à la disposition de l'Autorité, chaque fois que cela sera nécessaire et sur demande présentée par écrit au moins 30 jours à l'avance, le Centre de conférences de la Jamaïque, (ci-après dénommé le « Centre »), pour y tenir des réunions, conférences et consultations et y mener des travaux prévus au programme et toutes autres activités liées à ses fonctions.

2.   Les conditions financières imposées à l'Autorité pour l'utilisation du Centre ne sont pas moins favorables que celles accordées au Gouvernement, à ses organes ou à tous autres organismes et organisations locaux.

Facilités, services et entretien du Centre

Article 10

1.   Pour donner effet aux dispositions du paragraphe 1 de l'article 9 ci-dessus, le Gouvernement fournira les facilités suivantes à l'Autorité pendant la période d'utilisation :

a)   Toutes les salles de conférence, restaurants et autres installations;

b)   Les services postaux, téléphoniques et de télécopie;

c)   Des aires de stationnement.

2.   Pendant la période d'utilisation, le Gouvernement veillera à ce que les facilités prévues au paragraphe 1 soient en permanence en bon état de fonctionnement et il fournira notamment les services suivants :

a)   Entretien général, y compris les installations de ventilation et climatisation;

b)   Les équipements et autres services, y compris l'approvisionnement en eau, électricité, la climatisation et le gaz utilisé pour la cuisine;

c)   Entretien des équipements de lutte contre l'incendie et du système de détection de feu;

d)   Entretien et réparation du matériel de cuisine;

e)   Entretien et réparation du matériel électronique;

f)   Entretien et réparation des installations de climatisation;

g)   Services de gardiennage;

h)   Services de sécurité;

i)   Aires de stationnement;

j)   Assurances, comme il est prévu ci-dessous à l'article 11.

Assurances

Article 11

1.   Pendant la durée du présent Accord et de toute prolongation de cet accord, le Gouvernement devra avoir contracté à ses frais pour les locaux et, pendant la période d'utilisation, pour le Centre, une assurance contre l'incendie à taux de couverture élevé; étant entendu, toutefois, qu'il n'est pas tenu d'assurer les agencements, le mobilier et tout autre matériel appartenant à l'Autorité et installés par cette dernière dans les locaux.

2.   Le Gouvernement contractera une assurance responsabilité civile suffisante pour le Centre et les locaux dont il est propriétaire, ainsi que pour le terrain et les bâtiments, les aires de stationnement, les trottoirs et autres zones communes.

3.   Le Gouvernement fournira à l'Autorité la preuve que les assurances visées dans le présent article ont été contractées.

4.   En cas de perte, de dommages ou de destruction des locaux ou du Centre par un incendie ou toute autre cause, le Gouvernement ou son assureur, ses agents ou cessionnaires n'en demanderont pas remboursement à l'Autorité, à ses agents ou employés qui n'auront aucune responsabilité civile ou financière en la matière, sauf si la perte, le dommage ou la destruction est attribuable à une négligence patente ou à un manquement délibéré de la part de l'Autorité.

5.   Pendant la durée du présent Accord ou de toute prolongation de cet accord, l'Autorité contractera une assurance couvrant sa responsabilité comme prévu à l'article 44 de l'Accord de siège.

Interruption ou réduction des services

Article 12

1.   En cas d'interruption ou de réduction – due à des grèves, à des raisons techniques ou à toute autre cause – de tout service assuré ou devant être assuré dans les locaux ou le Centre, le Gouvernement s'engage à prendre les mesures nécessaires pour rétablir lesdits services sans retard indu. L'Autorité aura droit, pour la période d'interruption ou de réduction de services, à une réduction proportionnelle de la contribution aux frais d'utilisation et d'occupation prévus dans le présent Accord.

2.   L'Autorité informe le Gouvernement de toute interruption ou réduction et les parties se consultent pour déterminer la durée de l'interruption ou de la réduction et les mesures à prendre pour rétablir les services.

Privilèges et immunités

Article 13

Aucune disposition du présent accord ne saurait être interprétée comme une dérogation ou un renoncement, explicite ou implicite, à l'un ou l'une quelconque des privilèges ou immunités de l'Autorité. De plus, le présent Accord est régi par l'Accord de siège et doit être interprété et appliqué conformément à celui-ci.

Responsabilité concernant les obligations de l'autorité compétente

Article 14

1.   Dans tous les cas où le présent Accord impose des obligations aux autorités compétentes, la responsabilité du respect de ces obligations incombe au Gouvernement.

2.   Les communications concernant les locaux et l'utilisation du Centre se feront entre l'Autorité et le Gouvernement. Elles peuvent être adressées au Ministère des affaires étrangères et du commerce extérieur, y compris les demandes relatives à des services, du matériel, des réparations et à l'entretien. Ces communications et demandes seront censées avoir été communiquées au Gouvernement.

Consultations

Article 15

À la demande du Gouvernement ou de l'Autorité, toute question relative à l'utilisation et à la gestion des locaux ou du Centre susceptible d'affecter les intérêts de l'Autorité, fera l'objet de consultations en vue de parvenir à un règlement satisfaisant pour l'une et l'autre partie.

Règlement des différends

Article 16

Tout différend entre le Gouvernement et l'Autorité concernant l'exploitation et l'application du présent Accord sera réglé conformément au paragraphe 2 de l'article 48 de l'Accord de siège.

Révision et amendement

Article 17

Le présent Accord, y compris ses annexes, peut être révisé ou amendé à tout moment à la demande de l'une ou l'autre partie, sous réserve que les révisions ou amendements aient fait l'objet de consultations et aient été acceptés de part et d'autre.

Résiliation

Article 18

1.   Le présent Accord peut être résilié par consentement mutuel par l'une ou l'autre partie qui donnera notification, avec un préavis de 90 jours, de son intention d'y mettre fin. Le consentement à la résiliation ne peut être abusivement refusé. En pareil cas, l'une ou l'autre partie peut demander des consultations.

2.   Sur résiliation du présent Accord, l'Autorité restitue les locaux au Gouvernement en bon état, compte tenu de l'usure normale et des dommages imputables aux éléments, à des facteurs de force majeure, au feu et autres risques couverts par les assurances.

Entrée en vigueur

Article 19

1.   Le présent Accord entrera en vigueur dès qu'il aura été approuvé par l'Assemblée de l'Autorité et par le Gouvernement jamaïcain.

2.   Le présent Accord sera appliqué provisoirement par l'Autorité et le Gouvernement dès sa signature par le Secrétaire général de l'Autorité et au nom du Gouvernement jamaïcain.

EN FOI DE QUOI, les soussignés, représentants dûment autorisés de l'Autorité internationale des fonds marins et du Gouvernement jamaïcain ont signé le présent Accord.

SIGNÉ le dix-septième jour de décembre 2003, (deux mille trois), à Kingston, Jamaïque, en deux exemplaires, rédigés en langue anglaise.

POUR L'AUTORITÉ   POUR LE GOUVERNEMENT
INTERNATIONALE DES FONDS   JAMAÏCAIN :
MARINS :

(Signé) **Satya N. Nandan**   (Signé) **M. K. D. Knight**
Secrétaire général   Ministre des affaires étrangères
                                                  et du commerce extérieur

(Annexes non reproduites)

COMMENTAIRE

Accord de siège

En vertu du paragraphe 4 de l'article 156 de la Convention de 1982, l'Autorité a son siège à la Jamaïque. Lorsque le secrétariat de l'Autorité est devenu opérationnel en 1996, il s'est installé dans les anciens locaux du Bureau de Kingston pour le droit de la mer, créé par l'Organisation des Nations Unies pour les besoins de la Commission préparatoire. Un accord avait alors été conclu entre le Gouvernement jamaïcain et l'Organisation des Nations Unies en ce qui concerne l'utilisation des locaux.

À sa huitième séance, le 11 novembre 1996, le Conseil a officiellement prié le Secrétaire général de négocier avec le Gouvernement jamaïcain un accord concernant le siège de l'Autorité, en tenant compte du projet d'accord élaboré par la Commission préparatoire (LOS/PCN/WP.47/Rev.2). Le Conseil a décidé que les négociations seraient menées sous sa direction (ISBA/C/11). À l'issue des négociations entre le Secrétaire général et le Gouvernement jamaïcain, un projet d'accord relatif au siège de l'Autorité (ISBA/3/A/L.3-ISBA/3/C/L.3 et Corr.1) a été soumis au Conseil pour examen à la troisième session de l'Autorité (1997). Étant donné les préoccupations exprimées par certaines délégations, il n'a pas été possible de régler tous les problèmes que posait encore ce projet d'accord, notamment l'article 2. L'examen de la question a été renvoyé à la quatrième session, puis de nouveau reporté à la cinquième session, lors de laquelle le Secrétaire général a présenté à l'Assemblée un rapport intitulé « Considérations ayant trait à l'offre du Gouvernement jamaïcain concernant l'emplacement du siège permanent de l'Autorité » (ISBA/5/A/4 et Add.1). Ce rapport a fait l'objet d'un examen approfondi de la Commission des finances, laquelle a recommandé que l'Assemblée approuve les recommandations du Secrétaire général qui y figurent (ISBA/5/C/7). Après avoir examiné les recommandations de la Commission des finances, le Conseil a décidé, le 24 août 1999, de recommander à l'Assemblée d'approuver l'accord relatif au siège de l'Autorité figurant dans le document ISBA/3/A/L.3-ISBA/3/C/L.3 et Corr.1.

L'Accord entre l'Autorité internationale des fonds marins et le Gouvernement jamaïcain relatif au siège de l'Autorité a été approuvé par l'Assemblée à sa soixante-septième séance, le 25 août 1999. L'Assemblée a également accepté l'offre du Gouvernement jamaïcain d'établir dans les locaux existants (c'est-à-dire ceux qu'occupait le Bureau de Kingston pour le droit de la mer) le siège permanent de l'Autorité. La décision de l'Assemblée approuvant l'Accord de siège figure dans le document ISBA/5/A/11. À la soixante-huitième séance de l'Assemblée, le 26 août

1999, l'Accord de siège a été signé au cours d'une cérémonie officielle par le Secrétaire général, au nom de l'Autorité, et par le Ministre jamaïcain des affaires étrangères, M. Seymour Mullings, au nom du Gouvernement jamaïcain.

Les dispositions de l'Accord de siège et celles du Protocole sur les privilèges et immunités de l'Autorité internationale des fonds marins (ISBA/4/A/8), adopté par l'Assemblée en 1998, sont complémentaires.

Accord complémentaire

Dans sa décision portant approbation de l'Accord de siège, l'Assemblée a prié le Secrétaire général de négocier avec le Gouvernement de la Jamaïque, conformément à l'article 2 de l'Accord de siège, un accord complémentaire concernant l'utilisation et l'occupation du siège permanent. En octobre 1999, le Secrétaire général a invité le Gouvernement de la Jamaïque à engager dès que possible les négociations à cette fin. Il n'a pas été possible de trouver rapidement un terrain d'entente quant aux paramètres de l'accord complémentaire envisagé et les progrès sur cette voie ont été difficiles à réaliser en raison d'un certain nombre de problèmes qui se sont fait jour. À la neuvième session, en 2003, l'Assemblée a rappelé qu'elle était préoccupée par le retard prolongé des négociations concernant l'accord complémentaire et instamment prié le Secrétaire général et le Gouvernement de la Jamaïque de redoubler d'efforts en vue de conclure un accord dès que possible. L'accord a été conclu en novembre 2003. Lors d'une cérémonie ultérieurement organisée au siège de l'Autorité à Kingston le 17 décembre 2003, l'Accord complémentaire a été signé par le Secrétaire général, agissant au nom de l'Autorité, et par M. K. D. Knight, Ministre des affaires étrangères et du commerce extérieur, agissant au nom du Gouvernement de la Jamaïque.

Conformément à son article 19, l'Accord complémentaire était appliqué à titre provisoire depuis sa signature par les deux parties. À sa quatre-vingt-quinzième réunion, tenue le 2 juin 2004, sur décision du Conseil agissant comme suite à une recommandation de la Commission des finances, l'Assemblée a approuvé l'Accord complémentaire (ISBA/10/A/11), qui est entré en vigueur à cette même date.

Le texte de l'Accord complémentaire figure dans l'annexe du document ISBA/10/A/2-ISBA/10/C/2.

DOCUMENTATION

Accord de siège

- COMMISSION PRÉPARATOIRE

LOS/PCN/WP.47/Rev.2, Projet final d'accord entre l'Autorité internationale des fonds marins et le Gouvernement de la Jamaïque relatif au siège de l'Autorité internationale des fonds marins, reproduit dans : LOS/PCN/153, Vol. V, pp. 91-119.

- AIFM

ISBA/A/L.7/Rev.1, Déclaration faite par le Président concernant les travaux de l'Assemblée lors de la troisième partie de sa première session, paras. 16-18, (*Sélection de décisions 1/2/3*, 10).

ISBA/3/A/4, Rapport du Secrétaire général de l'Autorité internationale des fonds marins présenté en application de l'article 166, paragraphe 4, de la Convention des Nations Unies sur le droit de la mer, paras. 13 et 24-26, (*Sélection de décisions 1/2/3*, 52 et 55-56).

ISBA/3/A/11, Déclaration du Président concernant les travaux de l'Assemblée pendant la reprise de la troisième session, para. 12, (*Sélection de décisions 1/2/3*, 69).

ISBA/3/A/L.3-ISBA/3/C/L.3 et Corr.1, Accord entre l'Autorité internationale des fonds marins et le Gouvernement de la Jamaïque relatif au siège de l'Autorité internationale des fonds marins.

ISBA/3/A/L.4, Déclaration du Président sur les travaux de l'Assemblée au cours de la troisième session, paras. 1 et 9, (*Sélection de décisions 1/2/3*, 47 et 49).

ISBA/4/A/9, Déclaration du Président concernant les travaux de la quatrième session de l'Assemblée, paras. 14-15 et annexe « Lettre du Ministre jamaïcain des affaires étrangères et du commerce extérieur en date du 10 mars 1988, adressée au Secrétaire général de l'Autorité internationale des fonds marins », (*Sélection de décisions 4*, 52).

ISBA/4/A/11, Rapport du Secrétaire général de l'Autorité internationale des fonds marins présenté en application de l'article 166, paragraphe 4, de la Convention des Nations Unies sur le droit de la mer, paras. 17-20, (*Sélection de décisions 4*, 55-56).

ISBA/4/A/18, Déclaration du Président sur les travaux de l'Assemblée pendant la reprise de la quatrième session, paras. 6-8 et 15, (*Sélection de décisions 4*, 66-67).

ISBA/5/A/1 et Corr.1, Rapport du Secrétaire général de l'Autorité internationale des fonds marins présenté en application de l'article 166, paragraphe 4, de la Convention des Nations Unies sur le droit de la mer, paras. 6-8 et 52, (*Sélection de décisions 5*, 1-2 et 11-12).

ISBA/5/A/4, Considérations relatives à l'offre du Gouvernement jamaïcain concernant le site du siège permanent de l'Autorité, (*Sélection de décisions 5*, 12-17).

ISBA/5/A/4/Add.1, Considérations ayant trait à l'offre du Gouvernement jamaïcain concernant l'emplacement du siège permanent de l'Autorité. Rapport du Secrétaire général. Additif, (*Sélection de décisions 5*, 17-19).

ISBA/5/A/8-ISBA/5/C/7, Projet de budget de l'Autorité internationale des fonds marins pour 2000 et questions connexes. Rapport de la Commission des finances, para. 17, (*Sélection de décisions 5*, 22).

ISBA/5/A/11, Décision de l'Assemblée de l'Autorité internationale des fonds marins relative au siège de l'Autorité, (*Sélection de décisions 5*, 22-39).

ISBA/5/A/14, Déclaration du Président sur les travaux de l'Assemblée au cours de la cinquième session, paras. 20-22, (*Sélection de décisions 5*, 43-44).

ISBA/C/11, Décision du Conseil de l'Autorité internationale des fonds marins concernant l'Accord de siège entre l'Autorité internationale des fonds marins et le Gouvernement jamaïcain, (*Sélection de décisions 1/2/3*, 40-41).

ISBA/C/L.3, Déclaration du Président par intérim provisoire sur les travaux du Conseil pendant la reprise de la deuxième session, para. 11, (*Sélection de décisions 1/2/3*, 43).

ISBA/3/C/11, Déclaration du Président concernant les travaux menés par le Conseil pendant la reprise de la troisième session, para. 11, (*Sélection de décisions 1/2/3*, 80).

ISBA/3/C/L.4, Déclaration du Président sur les travaux du Conseil pendant la troisième session, para. 10, (*Sélection de décisions 1/2/3*, 72).

ISBA/4/C/5, Déclaration du Président sur les travaux du Conseil pendant la première partie de la quatrième session, para. 11, (*Sélection de décisions 4*, 72).

ISBA/4/C/14, Déclaration du Président sur les travaux du Conseil durant la reprise de sa quatrième session, para. 1, (*Sélection de décisions 4*, 76).

ISBA/5/C/9, Décision du Conseil de l'Autorité internationale des fonds marins relative au siège de l'Autorité, (*Sélection de décisions 5*, 48).

ISBA/5/C/11, Déclaration du Président sur les travaux du Conseil à la cinquième session, paras. 7-9, (*Sélection de décisions 5*, 49-50).

Accord complémentaire

- AIFM

ISBA/7/A/2, Rapport du Secrétaire général de l'Autorité internationale des fonds marins présenté en application de l'article 166, paragraphe

4, de la Convention des Nations Unies sur le droit de la mer, para. 10, (*Sélection de décisions 7*, 5).

ISBA/7/A/7, Déclaration du Président sur les travaux de l'Assemblée à sa septième session, para. 12, (*Sélection de décision 7*, 18).

ISBA/8/A/5, Rapport du Secrétaire général de l'Autorité internationale des fonds marins présenté en application de l'article 166, paragraphe 4, de la Convention des Nations Unies sur le droit de la mer, paras. 11-21, (*Sélection de décisions 8*, 12-14).

ISBA/8/A/5/Add.1, Rapport du Secrétaire général de l'Autorité internationale des fonds marins présenté en application de l'article 166, paragraphe 4, de la Convention des Nations Unies sur le droit de la mer. Additif, (*Sélection de décisions 8*, 24-25).

ISBA/8/A/13, Déclaration du Président sur les travaux de l'Assemblée à la huitième session, para. 9, (*Sélection de décisions 8*, 34).

ISBA/9/A/3, Rapport du Secrétaire général de l'Autorité internationale des fonds marins présenté en application du paragraphe 4 de l'article 166 de la Convention des Nations Unies sur le droit de la mer, paras. 11-14, (*Sélection de décisions 9*, 2-3).

ISBA/9/A/9, Exposé du Président sur les travaux de l'Assemblée à sa neuvième session, para. 8, (*Sélection de décisions 9*, 22).

ISBA/10/A/2-ISBA/10/C/2, Accord complémentaire entre l'Autorité internationale des fonds marins et le Gouvernement jamaïcain relatif au siège de l'Autorité internationale des fonds marins et à l'utilisation du Centre de conférences de la Jamaïque. Note du Secrétaire général, (*Sélection de décisions 10*, 1-10).

ISBA/10/A/6-ISBA/10/C/7, Rapport de la Commission des finances, paras. 19-20, (*Sélection de décisions 10*, 55).

ISBA/10/A/11, Décision de l'Assemblée de l'Autorité internationale des fonds marins concernant l'Accord complémentaire entre l'Autorité internationale des fonds marins et le Gouvernement jamaïcain relatif au siège de l'Autorité internationale des fonds marins et à l'utilisation du Centre de conférences de la Jamaïque, (*Sélection de décisions 10*, 57).

ISBA/10/A/12, Exposé du Président sur les travaux de l'Assemblée à sa dixième session, paras. 8 et 20-21, (*Sélection de décisions 10*, 59 et 61).

ISBA/10/C/5, Décision du Conseil de l'Autorité internationale des fonds marins concernant l'Accord complémentaire entre l'Autorité internationale des fonds marins et le Gouvernement jamaïcain relatif au siège de l'Autorité internationale des fonds marins et à l'utilisation du Centre de conférences de la Jamaïque, (*Sélection de décisions 10*, 70).

ISBA/10/C/10, Déclaration du Président sur les travaux du Conseil à la dixième session, para. 9, (*Sélection de décisions 10*, 73-74).

ISBA/11/A/4 et Corr.1, Rapport du Secrétaire général de l'Autorité internationale des fonds marins, présenté en application du paragraphe 4 de l'article 166 de la Convention des Nations Unies sur le droit de la mer, paras. 11-12, (*Sélection de décisions 11*, 2-3).

E – PROTOCOLE SUR LES PRIVILÈGES ET IMMUNITÉS DE L'AUTORITÉ INTERNATIONALE DES FONDS MARINS

Les États Parties au présent Protocole,

Considérant que la Convention des Nations Unies sur le droit de la mer établit l'Autorité internationale des fonds marins,

Rappelant que l'article 176 de la Convention des Nations Unies sur le droit de la mer dispose que l'Autorité possède la personnalité juridique internationale et a la capacité juridique qui lui est nécessaire pour exercer ses fonctions et atteindre ses buts,

Notant que l'article 177 de la Convention des Nations Unies sur le droit de la mer dispose que l'Autorité jouit, sur le territoire de chaque État Partie à la Convention, des privilèges et immunités prévus dans la sous-section G de la section 4 de la partie XI de la Convention et que les privilèges et immunités relatifs à l'Entreprise sont prévus à l'article 13 de l'annexe IV,

Considérant que certains privilèges et immunités additionnels sont nécessaires pour que l'Autorité internationale des fonds marins puisse exercer ses fonctions,

Sont convenus de ce qui suit :

Emploi des termes

Article premier

Aux fins du présent Protocole :

a) Le terme « Autorité » désigne l'Autorité internationale des fonds marins;

b) Le terme « Convention » désigne la Convention des Nations Unies sur le droit de la mer du 10 décembre 1982;

c) Le terme « Accord » désigne l'Accord relatif à l'application de la partie XI de la Convention des Nations Unies sur le droit de la mer du 10 décembre 1982. Conformément à l'Accord, les dispositions de celui-ci et celles de la partie XI de la Convention doivent être interprétées et appliquées ensemble comme un seul et même instrument; le présent Protocole et les références dans le présent Protocole à la Convention doivent être interprétés et appliqués de même;

d) Le terme « Entreprise » désigne l'organe de l'Autorité ainsi dénommé dans la Convention;

e)   Le terme « membre de l'Autorité », désigne :
   i)   Tout État Partie à la Convention; et
   ii) Tout État ou entité qui est membre de l'Autorité à titre provisoire en application du paragraphe 12, lettre a, de la section 1 de l'annexe de l'Accord;
f)   Le terme « représentants » désigne les représentants, représentants suppléants, conseillers, experts techniques et secrétaires des délégations;
g)   Le terme « Secrétaire général » désigne le Secrétaire général de l'Autorité internationale des fonds marins.

Dispositions générales

Article 2

Sans préjudice du statut juridique et des privilèges et immunités accordés à l'Autorité et à l'Entreprise qui sont prévus respectivement dans la sous-section g de la section 4 de la partie XI et à l'article 13 de l'annexe IV de la Convention, tout État Partie au présent Protocole accorde à l'Autorité et à ses organes, aux représentants des membres de l'Autorité, aux fonctionnaires de l'Autorité et aux experts en mission pour le compte de l'Autorité les privilèges et immunités spécifiés dans le présent Protocole.

Personnalité juridique de l'Autorité

Article 3

L'Autorité possède la personnalité juridique internationale. Elle a la capacité :
a)   De contracter;
b)   D'acquérir et d'aliéner des biens mobiliers et immobiliers;
c)   D'ester en justice.

Inviolabilité des locaux de l'Autorité

Article 4

Les locaux de l'Autorité sont inviolables.

Facilités d'ordre financier accordées à l'Autorité

Article 5

1.   Sans être astreinte à aucun contrôle, réglementation ou moratoire financier, l'Autorité peut librement :
a)   Acheter toutes monnaies par les voies autorisées, les détenir et en disposer;
b)   Détenir des fonds, des valeurs, de l'or, des métaux précieux ou des devises quelconques et avoir des comptes dans n'importe quelle monnaie;
c)   Transférer ses fonds, ses valeurs, son or ou ses devises d'un pays dans un autre ou à l'intérieur d'un pays quelconque et convertir toutes devises détenues par elle en toute autre monnaie.
2.   Dans l'exercice des droits qui lui sont accordés aux termes du paragraphe 1 du présent article, l'Autorité tient dûment compte de toutes représentations pouvant

lui être faites par le gouvernement de l'un ou l'autre de ses membres, dans la mesure où elle estime pouvoir y donner suite sans nuire à ses intérêts.

Drapeau et emblème

Article 6

L'Autorité a le droit d'arborer son drapeau et son emblème sur ses locaux et sur ses véhicules officiels.

Représentants des membres de l'Autorité

Article 7

1.   Les représentants des membres de l'Autorité aux réunions convoquées par celle-ci jouissent, pendant l'exercice de leurs fonctions et au cours de leur voyage à destination ou en provenance du lieu de la réunion, des privilèges et immunités ci-après :

a)   L'immunité de juridiction pour leurs paroles, leurs écrits et tous les actes accomplis par eux dans l'exercice de leurs fonctions, sauf dans la mesure où le membre qu'ils représentent y renonce expressément dans un cas particulier;

b)   L'immunité d'arrestation ou de détention et les mêmes immunités et facilités en ce qui concerne leurs bagages personnels que celles accordées aux agents diplomatiques;

c)   L'inviolabilité de tous papiers et documents;

d)   Le droit de faire usage de codes et de recevoir des documents ou de la correspondance par courrier ou par valise scellée;

e)   L'exemption, pour eux-mêmes et leur conjoint, de toutes mesures restrictives relatives à l'immigration, de toutes formalités d'enregistrement des étrangers ou de toutes obligations de service national dans l'État où ils se rendent ou par lequel ils transitent dans l'exercice de leurs fonctions;

f)   Les mêmes facilités en ce qui concerne leurs opérations de change que celles accordées aux représentants de gouvernements étrangers de rang comparable en mission officielle temporaire.

2.   En vue d'assurer aux représentants des membres de l'Autorité une liberté de parole et une indépendance complètes dans l'exercice de leurs fonctions, l'immunité de juridiction pour tous les actes accomplis par eux dans le cadre desdites fonctions continue à leur être accordée même lorsqu'ils ont cessé de représenter un membre de l'Autorité.

3.   Aux fins de toute forme d'imposition subordonnée à la résidence, les périodes pendant lesquelles les représentants des membres de l'Autorité aux réunions convoquées par celle-ci se trouvent sur le territoire d'un membre de l'Autorité pour l'exercice de leurs fonctions ne sont pas considérées comme des périodes de résidence.

4.   Les privilèges et immunités sont accordés aux représentants des membres de l'Autorité non pour leur avantage personnel mais afin de garantir leur indépendance dans l'exercice des fonctions qu'ils remplissent auprès de l'Autorité.

Par conséquent, tout membre de l'Autorité a le droit et le devoir de lever l'immunité de son représentant dans tous les cas où, à son avis, celle-ci empêcherait que justice soit faite et peut être levée sans nuire au but pour lequel elle a été accordée.

5.   Les représentants des membres de l'Autorité sont tenus d'avoir pour tous véhicules qu'ils possèdent ou utilisent l'assurance de responsabilité civile exigée par les lois et règlements de l'État dans lequel les véhicules sont utilisés.

6.   Les dispositions des paragraphes 1, 2 et 3 ne sont pas opposables aux autorités du membre de l'Autorité dont l'intéressé est ressortissant ou dont il est ou a été le représentant.

Fonctionnaires

Article 8

1.   Le Secrétaire général fixe les catégories de fonctionnaires auxquels s'appliquent les dispositions du paragraphe 2 du présent article. Il en soumet la liste à l'Assemblée et en donne ensuite communication aux gouvernements de tous les membres de l'Autorité. Les noms des fonctionnaires compris dans ces catégories sont communiqués périodiquement aux gouvernements des membres de l'Autorité.

2.   Les fonctionnaires de l'Autorité, quelle que soit leur nationalité, jouissent des privilèges et immunités ci-après :

a)   L'immunité de juridiction pour leurs paroles, leurs écrits et tous les actes accomplis par eux en leur qualité officielle;

b)   L'immunité d'arrestation ou de détention pour les actes accomplis par eux en leur qualité officielle;

c)   L'exemption d'imposition sur les traitements et émoluments qu'ils perçoivent de l'Autorité ou sur toute autre forme de versement qui leur est fait par celle-ci;

d)   L'exemption de toutes obligations relatives au service national, étant toutefois entendu que la présente disposition n'est opposable aux États dont ils sont ressortissants que pour les fonctionnaires de l'Autorité dont le nom a été inscrit, en raison de leurs fonctions, sur une liste établie par le Secrétaire général et approuvée par l'État concerné; pour les autres fonctionnaires de l'Autorité, en cas d'appel au service national, l'État concerné accorde, à la demande du Secrétaire général, le sursis nécessaire pour éviter que l'intéressé n'ait à interrompre des tâches essentielles;

e)   L'exemption, pour eux-mêmes, leur conjoint et les membres de leur famille à leur charge, de toutes mesures restrictives relatives à l'immigration et de toutes formalités d'enregistrement des étrangers;

f)   Les mêmes privilèges et facilités de change que ceux accordés aux fonctionnaires d'un rang comparable appartenant aux missions diplomatiques accréditées auprès des gouvernements concernés;

g)   Le droit d'importer en franchise leur mobilier et leurs effets à l'occasion de leur première prise de fonctions dans le pays concerné;

h)   L'exemption d'inspection de leurs bagages personnels, à moins qu'il n'existe des motifs sérieux de croire que ceux-ci contiennent des articles qui ne sont pas destinés à un usage personnel ou des articles dont l'importation ou l'exportation est interdite par la législation ou soumise aux règlements de quarantaine de la partie concernée; en pareil cas, l'inspection se fait en présence du fonctionnaire, et s'il s'agit de bagages officiels, en présence du Secrétaire général ou de son représentant autorisé;

i) En période de crise internationale, les mêmes facilités de rapatriement, pour eux-mêmes, leur conjoint et les membres de leur famille à leur charge, que celles qui sont accordées aux agents diplomatiques.

3. En sus des privilèges et immunités spécifiés au paragraphe 2, le Secrétaire général ou tout fonctionnaire qui le remplace en son absence et le Directeur général de l'Entreprise ainsi que leur conjoint et leurs enfants mineurs jouissent des mêmes privilèges, immunités, exemptions et facilités que ceux qui sont accordés aux agents diplomatiques, conformément au droit international.

4. Les privilèges et immunités sont accordés aux fonctionnaires non pour leur avantage personnel mais afin de garantir leur indépendance dans l'exercice des fonctions qu'ils remplissent auprès de l'Autorité. Le Secrétaire général a le droit et le devoir de lever l'immunité de tout fonctionnaire lorsque, à son avis, celle-ci empêcherait que justice soit faite, et peut être levée sans porter préjudice aux intérêts de l'Autorité. S'agissant du Secrétaire général, c'est l'Assemblée qui a qualité pour prononcer la levée des immunités.

5. L'Autorité collabore à tout moment avec les autorités compétentes de ses membres en vue de faciliter la bonne administration de la justice, d'assurer l'observation des règlements de police et d'éviter tout abus auquel pourraient donner lieu les privilèges, immunités et facilités visés dans le présent article.

6. Les fonctionnaires de l'Autorité sont tenus d'avoir pour tous véhicules qu'ils possèdent ou utilisent l'assurance de responsabilité civile exigée par les lois et règlements de l'État concerné.

Experts en mission pour le compte de l'Autorité

Article 9

1. Les experts (autres que les fonctionnaires visés à l'article 8), lorsqu'ils accomplissent une mission pour l'Autorité, jouissent, pendant la durée de cette mission, y compris le temps de voyage, des privilèges et immunités requis pour exercer leurs fonctions en toute indépendance. Ils jouissent en particulier des privilèges et immunités ci-après :

a) L'immunité d'arrestation ou de détention et de saisie de leurs bagages personnels;

b) L'immunité totale de juridiction pour leurs paroles, leurs écrits et les actes accomplis par eux dans l'exercice de leurs fonctions. Cette immunité continue à leur être accordée même lorsqu'ils ont cessé d'effectuer des missions pour l'Autorité;

c) L'inviolabilité de tous papiers et documents;

d) Le droit, pour leurs communications avec l'Autorité, de faire usage de codes et de recevoir des documents ou de la correspondance par courrier ou par valise scellée;

e) L'exemption d'imposition sur les traitements et émoluments qu'ils perçoivent de l'Autorité ou sur toute autre forme de versement qui leur est fait par celle-ci. La présente disposition n'est pas opposable au membre de l'Autorité dont l'intéressé est ressortissant;

f) Les mêmes facilités monétaires ou de change que celles qui sont accordées aux représentants de gouvernements étrangers en mission officielle temporaire.

2. Les privilèges et immunités sont accordés aux experts non pour leur avantage personnel mais afin de garantir leur indépendance dans l'exercice des fonctions qu'ils remplissent auprès de l'Autorité. Le Secrétaire général a le droit et le devoir de lever l'immunité de tout expert lorsque, à son avis, celle-ci empêcherait que justice soit faite, et peut être levée sans porter préjudice aux intérêts de l'Autorité.

Respect des lois et règlements

Article 10

Sans préjudice de leurs privilèges et immunités, toutes les personnes visées aux articles 7, 8 et 9 sont tenues de respecter les lois et règlements du membre de l'Autorité sur le territoire duquel elles se trouvent ou par le territoire duquel elles transitent au service de l'Autorité. Elles sont également tenues de s'abstenir de s'ingérer dans les affaires intérieures de ce membre.

Laissez-passer et visas

Article 11

1. Sans préjuger de la possibilité que l'Autorité délivre ses propres documents de voyage, les États Parties au présent Protocole reconnaissent et acceptent les laissez-passer des Nations Unies délivrés aux fonctionnaires de l'Autorité.

2. Lorsque des visas sont nécessaires, il est donné suite dans les meilleurs délais aux demandes déposées par des fonctionnaires de l'Autorité; les demandes déposées par des fonctionnaires de l'Autorité titulaires d'un laissez-passer des Nations Unies doivent être accompagnées d'une attestation certifiant que ceux-ci voyagent officiellement au service de l'Autorité.

Rapports entre l'Accord de siège et le Protocole

Article 12

Les dispositions du présent Protocole complètent celles de l'Accord de siège. Dans la mesure où une disposition du présent Protocole et une disposition de l'Accord de siège portent sur le même sujet, les deux dispositions sont, chaque fois que possible, considérées comme complémentaires, de sorte qu'elles soient toutes deux applicables et qu'aucune d'elles n'ait sur l'autre un effet restrictif; toutefois, en cas de conflit, ce sont les dispositions de l'Accord de siège qui l'emportent.

Accords additionnels

Article 13

Le présent Protocole ne remet en cause ni ne restreint en rien les privilèges et immunités que l'Autorité a pu obtenir, ou qu'elle pourrait obtenir par la suite, d'un de ses membres en raison de l'implantation de son siège ou de centres ou bureaux régionaux sur le territoire de ce dernier. Il n'interdit pas la conclusion d'accords additionnels entre l'Autorité et l'un ou l'autre de ses membres.

Règlement des différends

Article 14

1. Concernant la mise en pratique des privilèges et immunités accordés en vertu du présent Protocole, l'Autorité prend des dispositions appropriées en vue du règlement satisfaisant :
   a) Des différends de droit privé auxquels elle est partie;
   b) Des différends mettant en cause tout fonctionnaire de l'Autorité ou tout expert en mission pour le compte de l'Autorité qui en raison de ses fonctions officielles jouit de l'immunité, si celle-ci n'a pas été levée par le Secrétaire général.

2. Tout différend entre l'Autorité et l'un de ses membres concernant l'interprétation ou l'application du présent Protocole qui n'est pas réglé par voie de consultation ou de négociation ou par un autre mode convenu de règlement des différends dans les trois mois suivant le dépôt d'une demande par l'une des parties au différend est renvoyé, à la demande de l'une ou l'autre des parties, devant un collège de trois arbitres dont la sentence sera définitive et contraignante :
   a) L'un des arbitres devant être désigné par le Secrétaire général, un deuxième devant être désigné par l'autre partie au différend et le troisième, qui assurera la présidence, devant être choisi par les deux premiers arbitres;
   b) Si l'une ou l'autre des parties n'a pas désigné d'arbitre dans les deux mois suivant la désignation d'un arbitre par l'autre partie, le Président du Tribunal international du droit de la mer procède à la désignation. Si les deux premiers arbitres ne parviennent pas à s'accorder sur le choix du troisième arbitre dans les trois mois suivant leur désignation, le Président du Tribunal international du droit de la mer choisit le troisième arbitre à la demande du Secrétaire général ou de l'autre partie au différend.

Signature

Article 15

Le présent Protocole sera ouvert à la signature de tous les membres de l'Autorité au siège de l'Autorité internationale des fonds marins à Kingston (Jamaïque) du 17 au 28 août 1998, puis au siège de l'Organisation des Nations Unies à New York jusqu'au 16 août 2000.

Ratification

Article 16

Le présent Protocole est soumis à ratification, approbation ou acceptation. Les instruments de ratification, d'approbation ou d'acceptation seront déposés auprès du Secrétaire général de l'Organisation des Nations Unies.

Adhésion

Article 17

Le présent Protocole restera ouvert à l'adhésion de tous les membres de l'Autorité. Les instruments d'adhésion seront déposés auprès du Secrétaire général de l'Organisation des Nations Unies.

Entrée en vigueur

Article 18

1. Le présent Protocole entrera en vigueur 30 jours après la date de dépôt du dixième instrument de ratification, d'approbation, d'acceptation ou d'adhésion.
2. Pour chaque membre de l'Autorité qui le ratifiera, l'approuvera, l'acceptera ou y adhérera après le dépôt du dixième instrument de ratification, d'approbation, d'acceptation ou d'adhésion, le présent Protocole entrera en vigueur le trentième jour suivant la date de dépôt de l'instrument de ratification, d'approbation, d'acceptation ou d'adhésion.

Application provisoire

Article 19

Tout État qui a l'intention de ratifier, d'approuver ou d'accepter le présent Protocole ou d'y adhérer pourra, à tout moment, aviser le dépositaire qu'il l'appliquera à titre provisoire pendant une période ne pouvant excéder deux ans.

Dénonciation

Article 20

1. Tout État Partie pourra dénoncer le présent Protocole par voie de notification écrite adressée au Secrétaire général de l'Organisation des Nations Unies. La dénonciation prendra effet un an après la date de réception de la notification, à moins que celle-ci n'indique une date ultérieure.
2. En cas de dénonciation, tout État Partie demeurera tenu de s'acquitter de toute obligation prévue dans le présent Protocole à laquelle l'astreint le droit international indépendamment du Protocole.

Dépositaire

Article 21

Le Secrétaire général de l'Organisation des Nations Unies sera le dépositaire du présent Protocole.

Textes faisant foi

Article 22

Les textes anglais, arabe, chinois, espagnol, français et russe du présent Protocole font également foi.

EN FOI DE QUOI, les plénipotentiaires soussignés, dûment autorisés à cet effet, ont signé le Protocole.

OUVERT À LA SIGNATURE à Kingston, le vingt-six août mil neuf cent quatre-vingt-dix-huit, en un seul original établi dans les langues anglaise, arabe, chinoise, espagnole, française et russe.

COMMENTAIRE

La sous-section G de la section 4 de la Convention de 1982 est consacrée aux statut juridique, privilèges et immunités de l'Autorité internationale des fonds marins et de certaines personnes agissant dans le cadre de l'Autorité. Elle est inspirée d'autres instruments, notamment des articles 104 et 105 de la Charte des Nations Unies, de la Convention sur les privilèges et immunités des Nations Unies, du 13 février 1946, et de la Convention sur les privilèges et immunités des institutions spécialisées, du 21 novembre 1947.

Sur la base de ces dispositions, la Commission préparatoire a élaboré un projet de protocole final sur les privilèges et immunités de l'Autorité internationale des fonds marins, qu'elle a présenté à l'Autorité à la première session de l'Assemblée, au mois d'août 1995. À la fin de sa première session, l'Assemblée de l'Autorité a créé un groupe de travail spécial présidé par M. Marsit (Tunisie), qu'elle a chargé d'examiner le projet final.

À la reprise de la deuxième session de l'Assemblée, du 5 au 16 août 1996, le groupe de travail a été reconduit et a tenu six réunions supplémentaires sous la présidence de M. Zdislaw Galicki (Pologne). Il a continué de se réunir pendant la troisième session de l'Assemblée (1997) sous la même présidence. Au cours de ses débats, il est apparu que certains membres de l'Autorité se prononçaient en faveur d'un protocole détaillé analogue à celui proposé par la Commission préparatoire, tandis que d'autres auraient préféré un bref document ne traitant que des questions essentielles qui n'étaient pas abordées dans la Convention de 1982. Certains États jugeaient quant à eux tout protocole inutile, estimant qu'il fallait s'en tenir aux dispositions de la Convention de 1982 sur les privilèges et immunités de l'Autorité.

À la fin de la reprise de la troisième session de l'Autorité, au mois d'août 1997, le groupe de travail a présenté un projet de protocole révisé sous la forme d'un document de travail informel à soumettre à l'Assemblée. Il s'agissait d'une version très abrégée du projet proposé par la Commission préparatoire. Ce projet concernait les questions relatives aux immunités et privilèges de l'Autorité qui n'étaient pas traitées dans la Convention de 1982 et était largement inspiré des articles premier, II, IV, V, VI et VII de la Convention sur les privilèges et immunités des Nations Unies (1946), ainsi que de la Convention sur les privilèges et immunités des institutions spécialisées (1947). Il traitait notamment des immunités et privilèges des représentants de l'Autorité voyageant à destination ou en provenance du siège et de l'utilisation du laissez-passer des Nations Unies par le personnel de l'Autorité. Le protocole porte également sur les privilèges et immunités accordés à certaines catégories de personnes, notamment aux fonctionnaires de l'Autorité, aux experts en mission et aux représentants des membres de l'Autorité.

À sa cinquante-quatrième séance, le 26 mars 1998, l'Assemblée a adopté par consensus le Protocole sur les privilèges et immunités de l'Autorité internationale des fonds marins, tel qu'il avait été proposé par le groupe de travail. Afin de faciliter la procédure pour les États membres, le Protocole a été ouvert à la signature au siège de l'Autorité à l'occasion d'une cérémonie officielle les 26 et 27 août 1998, puis au siège de l'Organisation des Nations Unies à New York jusqu'au 16 août 2000. Certains membres de l'Autorité ont signé le Protocole à Kingston (Bahamas, Brésil, Indonésie, Jamaïque, Kenya, Pays-Bas et Trinité-et-Tobago), d'autres au siège de l'Organisation des Nations Unies (Arabie saoudite, Chili, Côte d'Ivoire, Égypte, Espagne, ex-République yougoslave de Macédoine, Finlande, Ghana, Grèce, Italie, Malte, Namibie, Oman, Pakistan, Portugal, République tchèque, Royaume-Uni de Grande-Bretagne et d'Irlande du Nord, Sénégal, Slovaquie, Soudan et Uruguay).

Le 1er mai 2003, le Nigéria est devenu le dixième membre de l'Autorité à ratifier ou accepter le Protocole ou à y adhérer. En conséquence, conformément au paragraphe 1 de son article 18, le Protocole est entré en vigueur le 31 mai 2003. Le 4 octobre 2012, les 36 pays membres de l'Autorité ci-après étaient parties au Protocole sur les privilèges et immunités de l'Autorité internationale des fonds marins : Allemagne, Argentine, Autriche, Brésil, Bulgarie, Cameroun, Chili, Croatie, Cuba, Danemark, Égypte, Espagne, Estonie, Finlande, France, Guyana, Inde, Irlande, Italie, Jamaïque, Lituanie, Maurice, Mozambique, Nigéria, Norvège, Oman, Pays-Bas, Pologne, Portugal, République tchèque, Royaume-Uni de Grande-Bretagne et d'Irlande du Nord, Slovaquie, Slovénie, Togo, Trinité-et-Tobago et Uruguay.

DOCUMENTATION

- COMMISSION PRÉPARATOIRE
LOS/PCN/WP.49/Rev.2, Projet définitif de Protocole sur les privilèges et immunités de l'Autorité internationale des fonds marins, reproduit dans : LOS/PCN/153, Vol. V, pp. 120-134.
- AIFM
ISBA/3/A/L.4, Déclaration du Président concernant les travaux de l'Assemblée au cours de la troisième session, paras. 5-8, (*Sélection de décisions 1/2/3*, 48).
ISBA/3/A/4, Rapport du Secrétaire général de l'Autorité internationale des fonds marins présenté en application de l'article 166, paragraphe 4, de la Convention des Nations Unies sur le droit de la mer, para. 13, (*Sélection de décisions 1/2/3*, 52).
ISBA/3/A/11, Déclaration du Président concernant les travaux de l'Assemblée pendant la reprise de la troisième session, paras. 2-4, (*Sélection de décisions 1/2/3*, 67).
ISBA/3/A/WP.1, Projet de Protocole sur les privilèges et immunités de l'Autorité internationale des fonds marins. Document établi par le Secrétariat.
ISBA/3/A/WP.1/Add.1, Projet révisé de Protocole sur les privilèges et immunités de l'Autorité internationale des fonds marins. Document établi par le Secrétariat.
ISBA/4/A/8, Décision de l'Assemblée de l'Autorité concernant le Protocole sur les privilèges et immunités de l'Autorité internationale des fonds marins, (*Sélection de décisions 4*, 43-49).
ISBA/4/A/9, Déclaration du Président concernant les travaux de la quatrième session de l'Assemblée, paras. 10-13, (*Sélection de décisions 4*, 51).
ISBA/4/A/11, Rapport du Secrétaire général de l'Autorité internationale des fonds marins présenté en application de l'article 166, paragraphe 4, de la Convention des Nations Unies sur le droit de la mer, paras. 21-22, (*Sélection de décisions 4*, 56).
ISBA/4/A/18, Déclaration du Président sur les travaux de l'Assemblée pendant la reprise de la quatrième session, para. 10, (*Sélection de décisions 4*, 66).
ISBA/4/A/L.2, Projet de Protocole sur les privilèges et immunités de l'Autorité internationale des fonds marins.
ISBA/5/A/1 et Corr. 1, Rapport du Secrétaire général de l'Autorité internationale des fonds marins présenté en application de l'article 166, paragraphe 4, de la Convention des Nations Unies sur le droit de la mer, para. 9, (*Sélection de décisions 5*, 2).
ISBA/6/A/9, Rapport du Secrétaire général de l'Autorité internationale des fonds marins présenté en application de l'article 166, paragraphe

4, de la Convention des Nations Unies sur le droit de la mer, para. 11, (*Sélection de décisions 6*, 14).

ISBA/7/A/2, Rapport du Secrétaire général de l'Autorité internationale des fonds marins présenté en application de l'article 166, paragraphe 4, de la Convention des Nations Unies sur le droit de la mer, para. 11, (*Sélection de décisions 7*, 6).

ISBA/7/A/7, Déclaration du Président sur les travaux de l'Assemblée à sa septième session, para. 10, (*Sélection de décisions 7*, 18).

ISBA/8/A/5, Rapport du Secrétaire général de l'Autorité internationale des fonds marins présenté en application de l'article 166, paragraphe 4, de la Convention des Nations Unies sur le droit de la mer, para. 9, (*Sélection de décisions 8*, 11).

ISBA/8/A/13, Déclaration du Président sur les travaux de l'Assemblée à la huitième session, para. 8, (*Sélection de décisions 8*, 33-34).

ÉTAT DU PROTOCOLE SUR LES PRIVILÈGES ET IMMUNITÉS DE L'AUTORITÉ INTERNATIONALE DES FONDS MARINS (AU 4 OCTOBRE 2012)

	États	*Signature*	*Ratification, approbation (AA), acceptation (A) ou adhésion (a)*
23	Allemagne		8 juin 2007 (a)
	Arabie saoudite	11 octobre 1999	
21	Argentine		20 octobre 2006 (a)
11	Autriche		25 septembre 2003 (a)
	Bahamas	26 août 1998	
26	Brésil	27 août 1998	16 novembre 2007
31	Bulgarie		10 février 2009 (a)
7	Cameroun		28 août 2002 (a)
15	Chili	14 avril 1999	8 février 2005
	Côte d'Ivoire	25 septembre 1998	
2	Croatie		8 septembre 2000 (a)
29	Cuba		11 juillet 2008 (a)
13	Danemark		16 novembre 2004 (a)
5	Égypte	26 avril 2000	20 juin 2001
4	Espagne	14 septembre 1999	9 janvier 2001
27	Estonie		1er février 2008 (a)
	Ex-République yougoslave de Macédoine	17 septembre 1998	
25	Finlande	31 mars 1999	31 octobre 2007 (A)
34	France		23 janvier 2012 (a)
	Ghana	12 janvier 1999	
	Grèce	14 octobre 1998	
33	Guyana		25 octobre 2011 (a)
17	Inde		14 novembre 2005 (a)
	Indonésie	26 août 1998	
32	Irlande		9 février 2011 (a)
20	Italie	18 mai 2000	19 juillet 2006

8	Jamaïque	26 août 1998	25 septembre 2002
	Kenya	26 août 1998	
36	Lituanie		26 septembre 2012 (a)
	Malte	26 juillet 2000	
14	Maurice		22 décembre 2004 (a)
30	Mozambique		12 janvier 2009 (a)
	Namibie	24 septembre 1999	
10	Nigéria		1er mai 2003 (a)
18	Norvège		10 mai 2006 (a)
12	Oman	19 août 1999	12 mars 2004
	Pakistan	9 septembre 1999	
9	Pays-Bas	26 août 1998	21 novembre 2002 (A)
24	Pologne		2 octobre 2007 (a)
22	Portugal	6 avril 2000	2 février 2007
6	République tchèque	1er août 2000	26 octobre 2001
3	Royaume-Uni de Grande-Bretagne et d'Irlande du Nord	19 août 1999	2 novembre 2000
	Sénégal	11 juin 1999	
1	Slovaquie	22 juin 1999	20 avril 2000
28	Slovénie		1er avril 2008 (a)
	Soudan	6 août 1999	
35	Togo		11 juin 2012 (a)
16	Trinité-et-Tobago	26 août 1998	10 août 2005
19	Uruguay	21 octobre 1998	6 juillet 2006 (a)

DÉCLARATIONS ET RÉSERVES

(Sauf indication contraire, les déclarations ou réserves ont été formulées au moment de la ratification, de l'approbation, de l'acceptation ou de l'adhésion.)

Argentine

Déclaration :

La République argentine accordera les privilèges et immunités tels que spécifiés dans le Protocole sur les privilèges et immunités de l'Autorité internationale des fonds marins, adopté à Kingston le 27 mars 1998, aux fonctionnaires du Secrétariat de l'Autorité internationale des fonds marins qui sont des nationaux argentins ou des résidents permanents sur son territoire, dans la mesure nécessaire à l'exercice satisfaisant de leurs fonctions. En ce qui concerne les matières fiscales et douanières, ces fonctionnaires seront assujettis aux normes nationales applicables sur le territoire argentin.

Chili

Réserve :
Le Gouvernement du Chili formule une réserve en ce qui concerne l'alinéa d) du paragraphe 2 de l'article 8 du Protocole, cette disposition ne devant pas exempter ses nationaux des obligations relatives au service national.

Cuba

Déclaration :
La République de Cuba considère qu'il n'y a pas lieu d'appliquer les alinéas a) et b) du paragraphe 2 de l'article 14 du Protocole et elle réglera de manière bilatérale et négociée tout différend qu'elle pourrait avoir avec l'Autorité internationale des fonds marins sur l'interprétation ou l'application du Protocole susmentionné.

France

Réserve :
La France entend limiter l'exemption d'imposition prévue aux articles 8 c) et 9 e) du Protocole :
- aux fonctionnaires de l'Autorité mentionnés à l'article 8, à l'exclusion des experts en mission pour le compte de l'Autorité mentionnés à 1'article 9;
- aux traitements et émoluments perçus de l'Autorité par ces fonctionnaires, à l'exclusion de tout autre forme de versement qui pourrait leur être fait par l'Autorité.

APPLICATION TERRITORIALE

États	Date de réception de la notification	Territoires
Pays-Bas	7 janvier 2009	Antilles néerlandaises

II – RELATIONS EXTÉRIEURES DE L'AUTORITÉ INTERNATIONALE DES FONDS MARINS

Aux termes de l'article 169 de la Convention de 1982, pour les questions qui sont du ressort de l'Autorité, le Secrétaire général conclut, après approbation du Conseil en vertu du paragraphe 2 f) de l'article 162, des accords aux fins de consultations et de coopération avec les organisations internationales et les organisations non gouvernementales reconnues par le Conseil économique et social de l'Organisation des Nations Unies.

Il convient de faire la distinction entre la relation établie après conclusion d'un accord, conformément à l'article 169, et le statut d'observateur accordé en vertu du règlement intérieur des organes de l'Autorité. L'Assemblée a ainsi accordé le statut d'observateur à certaines organisations intergouvernementales et non gouvernementales, bien qu'aucun accord de coopération n'ait été conclu, au titre de l'article 169, entre l'Autorité et ces organisations. Cette situation diffère de celle qui existe à l'Assemblée générale des Nations Unies où le statut consultatif auprès du Conseil économique et social demeure au centre des relations officielles entre l'Organisation des Nations Unies et les organisations non gouvernementales.

A – RELATIONS AVEC LES ORGANISATIONS INTERNATIONALES

RELATIONS AVEC L'ORGANISATION DES NATIONS UNIES

DÉCISION DE L'ASSEMBLÉE CONCERNANT LE STATUT D'OBSERVATEUR DE L'AUTORITÉ INTERNATIONALE DES FONDS MARINS AUPRÈS DE L'ORGANISATION DES NATIONS UNIES

L'Assemblée de l'Autorité internationale des fonds marins,

Notant que par ses résolutions 49/28 et 50/23 datées des 6 décembre 1994 et 5 décembre 1995, respectivement, l'Assemblée générale des Nations Unies a souligné que les activités régies par la Convention des Nations Unies sur le droit de la mer sont étroitement liées entre elles et doivent être envisagées dans leur ensemble et rappelé en conséquence l'importance que revêt l'examen annuel, par l'Assemblée générale, de l'ensemble des faits nouveaux intéressant l'application de la Convention ainsi que des autres faits nouveaux concernant le droit de la mer et les affaires maritimes,

Considérant que l'Autorité internationale des fonds marins, en tant qu'organisation internationale autonome en vertu de la Convention, est l'organisation par laquelle les Etats parties à la Convention organisent et contrôlent les activités menées dans la Zone, notamment aux fins de l'administration des ressources de celle-ci, conformément au régime applicable à la Zone que la Convention a établi dans sa partie XI et l'Accord relatif à l'application de la partie XI,

Considérant qu'en raison des fonctions qui lui sont assignées par la Convention, l'Autorité s'intéresse aux questions ayant trait au droit de la mer et aux affaires maritimes que l'Assemblée générale des Nations Unies examine tous les ans,

1. *Décide* que l'Autorité internationale des fonds marins devrait chercher à obtenir le statut d'observateur auprès de l'Organisation des Nations Unies qui lui permettrait de participer aux débats de l'Assemblée générale;

2. *Prie* le Secrétaire général de l'Autorité internationale des fonds marins de prendre les mesures voulues pour solliciter ce statut d'observateur.

39ᵉ séance
26 août 1996

RÉSOLUTION ADOPTÉE PAR L'ASSEMBLÉE GÉNÉRALE

[sans renvoi à une grande commission (A/51/L.2 et Add.1)]

51/6. OCTROI À L'AUTORITÉ INTERNATIONALE DES FONDS MARINS DU STATUT D'OBSERVATEUR AUPRÈS DE L'ASSEMBLÉE GÉNÉRALE

L'Assemblée générale,

Consciente de l'importance que revêtent la mise en œuvre effective et l'application uniforme et cohérente de la Convention des Nations Unies sur le droit de la mer du 10 décembre 1982[1] et de l'Accord relatif à l'application de la partie XI de la Convention[2], de même que de la nécessité croissante de promouvoir et faciliter la coopération internationale relative au droit de la mer et aux affaires maritimes aux niveaux mondial, régional et sous-régional,

Notant qu'à la reprise de sa deuxième session l'Assemblée de l'Autorité internationale des fonds marins a décidé de solliciter l'octroi à l'Autorité du statut d'observateur auprès de l'Organisation des Nations Unies de manière qu'elle puisse participer aux délibérations de l'Assemblée générale,

1.   *Décide* d'inviter l'Autorité internationale des fonds marins à participer à ses délibérations en qualité d'observateur;

2.   *Prie* le Secrétaire général de prendre les mesures nécessaires pour donner suite à la présente résolution.

40ᵉ séance plénière
24 octobre 1996

COMMENTAIRE

Étant donné le statut particulier de l'Autorité en tant qu'organisation internationale autonome établie par la Convention de 1982, l'Assemblée, à la reprise de sa deuxième session en août 1996, a prié le Secrétaire général de solliciter au nom de l'Autorité le statut d'observateur auprès de l'Organisation des Nations Unies qui lui permettrait de participer aux débats de l'Assemblée générale (ISBA/A/13 et Corr.1). Le 24 octobre 1996, dans sa résolution 51/6, l'Assemblée générale a accordé à l'Autorité le statut d'observateur (A/RES/51/6). Sa participation est

---

[1]   *Documents officiels de la troisième Conférence des Nations Unies sur le droit de la mer,* vol. XVII (publication des Nations Unies, numéro de vente : F.84.V.3), document A/CONF.62/122.

[2]   Résolution 48/263, annexe.

particulièrement utile lorsque l'Assemblée générale tient son débat annuel sur les océans et le droit de la mer, domaine dans lequel l'Autorité joue un rôle de coordination. De même, lors de la sa cinquante-et-unième session le 17 décembre 1996, l'Assemblée générale des Nations Unies a accordé le statut d'observateur au Tribunal international du droit de la mer (A/RES/51/204).

DOCUMENTATION

- AIFM

ISBA/A/13 et Corr.1, Décision de l'Assemblée concernant le statut d'observateur de l'Autorité internationale des fonds marins auprès de l'Organisation des Nations Unies, (*Sélection de décisions 1/2/3*, 29).

ISBA/A/L.13, Déclaration faite par le Président concernant les travaux de l'Assemblée lors de la reprise de la deuxième session, para. 19, (*Sélection de décisions 1/2/3*, 35).

ISBA/3/A/4, Rapport du Secrétaire général de l'Autorité internationale des fonds marins présenté en application de l'article 166, paragraphe 4, de la Convention des Nations Unies sur le droit de la mer, para. 19, (*Sélection de décisions 1/2/3*, 54).

- ORGANISATION DES NATIONS UNIES

A/RES/51/6, Octroi à l'Autorité internationale des fonds marins du statut d'observateur auprès de l'Assemblée générale.

ACCORD SUR LES RELATIONS ENTRE L'ORGANISATION DES NATIONS UNIES ET L'AUTORITÉ INTERNATIONALE DES FONDS MARINS

L'Organisation des Nations Unies et l'Autorité internationale des fonds marins,

Considérant que l'Assemblée générale des Nations Unies, par sa résolution 3067 (XXVIII) du 16 novembre 1973 a décidé de réunir la troisième Conférence des Nations Unies sur le droit de la mer pour qu'elle adopte une convention traitant de toutes les questions relatives au droit de la mer, et que la Conférence a adopté la Convention des Nations Unies sur le droit de la mer, qui porte création de l'Autorité internationale des fonds marins,

Rappelant que l'Assemblée générale des Nations Unies, par sa résolution 48/263 du 28 juillet 1994, a adopté l'Accord relatif à l'application de la partie XI de la Convention des Nations Unies sur le droit de la mer du 10 décembre 1982,

Conscientes de l'entrée en vigueur le 16 novembre 1994 de la Convention des Nations Unies sur le droit de la mer et de l'entrée en vigueur le 28 juillet 1996 de l'Accord relatif à l'application de la partie XI de la Convention des Nations Unies sur le droit de la mer du 10 décembre 1982,

Notant la résolution 51/6 du 4 novembre 1996 par laquelle l'Assemblée générale a invité l'Autorité internationale des fonds marins à participer à ses délibérations en qualité d'observateur,

Notant également le paragraphe 2 f) de l'article 162 de la Convention des Nations Unies sur le droit de la mer du 10 décembre 1982, la résolution 51/34 de l'Assemblée générale en date du 9 décembre 1996 et la décision ISBA/C/10 du 12 août 1996 par laquelle le Conseil de l'Autorité internationale des fonds marins a demandé que soit conclu un accord sur les relations entre l'Organisation des Nations Unies et l'Autorité internationale des fonds marins,

Désireuses d'établir un système de relations mutuellement fructueuses qui les aide à s'acquitter de leurs responsabilités respectives,

Tenant compte à cet égard des dispositions de la Charte des Nations Unies, des dispositions de la Convention des Nations Unies sur le droit de la mer et de celles de l'Accord relatif à l'application de la partie XI de la Convention des Nations Unies sur le droit de la mer du 10 décembre 1982,

Sont convenues de ce qui suit :

But de l'Accord

Article premier

Le présent Accord, conclu entre l'Organisation des Nations Unies et l'Autorité internationale des fonds marins (ci-après dénommée « l'Autorité ») conformément aux dispositions de la Charte des Nations Unies (ci-après dénommée « la Charte »), de la Convention des Nations Unies sur le droit de la mer (ci-après dénommée « la Convention »), et de l'Accord relatif à l'application de la partie XI de la Convention des Nations Unies sur le droit de la mer du 10 décembre 1982 (ci-après dénommé « l'Accord »), a pour but de définir les règles régissant les relations entre l'Organisation des Nations Unies et l'Autorité.

Principes généraux

Article 2

1.   L'Organisation des Nations Unies reconnaît l'Autorité comme étant, aux termes de la Convention, l'organisation par l'intermédiaire de laquelle les États parties à la Convention organisent et contrôlent les activités menées sur les fonds marins et dans leur sous-sol au-delà des limites de la juridiction nationale (ci-après dénommés « la Zone »), notamment aux fins d'en administrer les ressources. L'Organisation des Nations Unies s'engage à mener ses activités de façon à faire respecter le régime établi par la Convention et l'Accord pour les mers et les océans.

2.   L'Organisation des Nations Unies reconnaît que l'Autorité, en vertu des dispositions de la Convention, agit en tant qu'organisation internationale autonome dans ses relations de travail avec elle, telles que définies par le présent Accord.

3.   L'Autorité reconnaît les responsabilités qui incombent à l'Organisation des Nations Unies en vertu de la Charte et d'autres instruments internationaux, en particulier dans les domaines de la paix et de la sécurité internationales, du développement humanitaire, culturel, social et économique, et de la protection et de la préservation de l'environnement.

4.   L'Autorité s'engage à mener ses activités conformément aux buts et principes de la Charte, de façon à favoriser la paix et la coopération internationales, et conformément à la politique que suit l'Organisation des Nations Unies pour atteindre ces buts et faire triompher ces principes.

Coopération et coordination

Article 3

1.   L'Organisation des Nations Unies et l'Autorité conviennent qu'il est souhaitable de coordonner les activités de l'Autorité et celles de l'Organisation et des institutions spécialisées afin d'éviter les chevauchements.

2.   Soucieuses de s'acquitter au mieux de leurs responsabilités respectives, l'Organisation des Nations Unies et l'Autorité s'engagent à travailler en étroite coopération et à se consulter sur les questions d'intérêt mutuel.

Assistance au Conseil de sécurité

Article 4

1.   L'Autorité coopère avec le Conseil de sécurité en lui fournissant, sur sa demande, les informations et l'assistance dont il peut avoir besoin pour s'acquitter de ses fonctions touchant le maintien ou le rétablissement de la paix et de la

sécurité internationales. Le Conseil de sécurité respecte la confidentialité de toutes informations confidentielles qui lui sont fournies.

2.   Sur l'invitation du Conseil de sécurité, le Secrétaire général de l'Autorité peut assister à des séances du Conseil pour lui fournir des informations ou lui prêter toute autre forme d'assistance dans les domaines relevant de la compétence de l'Autorité.

Cour internationale de Justice

Article 5

L'Autorité s'engage, sous réserve des dispositions du présent Accord relatives au caractère confidentiel de certains documents, données et informations, à fournir toutes informations qui lui seraient demandées par la Cour internationale de Justice conformément au Statut de la Cour.

Représentation réciproque

Article 6

1.   Sans préjudice de la résolution 51/6 du 4 novembre 1996 par laquelle l'Assemblée générale a accordé le statut d'observateur à l'Autorité et sous réserve des décisions qui pourraient être prises concernant la participation des observateurs aux réunions, l'Organisation des Nations Unies, sous réserve du règlement intérieur et de la pratique des organes concernés, invite l'Autorité à dépêcher des représentants pour assister aux réunions et conférences des autres organes compétents, lorsque sont examinées des questions qui l'intéressent.

2.   Sans préjudice des décisions qui pourraient être prises par ses organes compétents concernant la participation des observateurs à leurs réunions, l'Autorité, sous réserve du règlement intérieur et de la pratique des organes concernés, invite l'Organisation des Nations Unies à dépêcher des représentants pour assister à toutes ses réunions et conférences, lorsque sont examinées des questions qui l'intéressent.

3.   Le Secrétariat de l'Autorité assure la distribution à tous les membres de l'organe concerné ou des organes concernés de l'Autorité des communications écrites présentées par l'Organisation des Nations Unies, conformément au règlement intérieur applicable. Le Secrétariat de l'Organisation des Nations Unies assure la distribution à tous les membres de l'organe concerné ou des organes concernés de l'Organisation des communications écrites présentées par l'Autorité, conformément au règlement intérieur applicable, dans la quantité et dans les langues dans lesquelles elles auront été présentées.

Coopération entre les deux secrétariats

Article 7

Le Secrétaire général de l'Organisation des Nations Unies et le Secrétaire général de l'Autorité se consultent périodiquement pour ce qui est des responsabilités qui leur incombent en vertu de la Convention et de l'Accord. Ils se consultent en particulier au sujet des arrangements administratifs nécessaires pour permettre aux deux organisations de s'acquitter au mieux de leurs fonctions et d'instaurer une coopération efficace entre leurs secrétariats.

Échange d'informations, de données et de documents

Article 8

1. L'Organisation des Nations Unies et l'Autorité prennent des dispositions en vue d'échanger des informations, des publications et des rapports d'intérêt commun.

2. Afin de s'acquitter des responsabilités qui lui ont été confiées aux termes des alinéas 2 a) et b) de l'article 319 de la Convention et de celles qui lui incombent en vertu de la résolution 37/66 de l'Assemblée générale, en date du 3 décembre 1982, le Secrétaire général de l'Organisation des Nations Unies fait rapport périodiquement à l'Autorité sur les questions de caractère général qui ont surgi à propos de la Convention et notifie régulièrement à l'Autorité les ratifications, confirmations formelles et adhésions dont la Convention et les amendements qui s'y rapportent font l'objet, ainsi que les dénonciations de la Convention.

3. L'Organisation des Nations Unies et l'Autorité collaborent pour obtenir des États parties à la Convention des exemplaires des cartes ou listes des coordonnées géographiques des limites extérieures du plateau continental auxquels fait référence l'article 84 de la Convention. Elles échangent des exemplaires des listes des coordonnées ou, dans la mesure du possible, des cartes.

4. Lorsque les limites extérieures de la zone relevant de la juridiction d'un État partie correspondent aux limites extérieures de la zone économique exclusive, l'Organisation des Nations Unies fournit à l'Autorité des exemplaires des listes des coordonnées géographiques ou, dans la mesure du possible, des cartes indiquant l'emplacement des limites extérieures de la zone économique exclusive de l'État partie, qui peuvent avoir été déposés auprès du Secrétaire général de l'Organisation des Nations Unies conformément au paragraphe 2 de l'article 75 de la Convention.

5. L'Autorité, dans la mesure du possible, réalise des études spéciales ou fournit des informations à la demande de l'Organisation des Nations Unies. La communication de ces rapports, études et informations est soumise aux conditions énoncées à l'article 14.

6. L'Organisation des Nations Unies et l'Autorité sont soumises aux restrictions nécessaires pour sauvegarder le caractère confidentiel des documents, données et informations qui leur sont fournis par leurs membres ou qui proviennent d'autres sources. Sous réserve du paragraphe 1 de l'article 4, aucune disposition du présent Accord ne peut être interprétée comme obligeant l'Organisation des Nations Unies ou l'Autorité à communiquer des documents, données ou informations dont la divulgation leur paraît constituer un manquement à la confiance placée en elles par leurs membres ou par quiconque les leur a fournis, ou pourrait gêner en quoi que ce soit leurs travaux.

Services de statistique

Article 9

L'Organisation des Nations Unies et l'Autorité, reconnaissant qu'il est souhaitable de coopérer au maximum en matière de statistique et de réduire au minimum la charge imposée aux gouvernements et aux autres organisations auprès desquelles les informations sont recueillies, s'engagent à éviter tout double emploi dans leurs activités de collecte, d'analyse et de publication de statistiques et conviennent de se consulter en vue d'assurer le meilleur usage de leurs ressources et de leur personnel technique en matière de statistique.

Assistance technique

Article 10

L'Organisation des Nations Unies et l'Autorité s'engagent à coopérer en vue de la fourniture d'une assistance technique dans les domaines de la recherche scientifique marine dans la Zone, du transfert des techniques et de la prévention, de la réduction et de la maîtrise de la pollution causée par les activités menées dans la Zone. En particulier, elles conviennent de prendre les mesures nécessaires pour assurer une coordination efficace dans le cadre du système actuel de coordination de l'assistance technique, compte tenu des rôles et des responsabilités qui incombent respectivement à l'Organisation des Nations Unies et à l'Autorité en vertu de leurs actes constitutifs, et de ceux qui incombent à d'autres organisations participant à des activités d'assistance technique.

Arrangements concernant le personnel

Article 11

1.　L'Organisation des Nations Unies et l'Autorité conviennent, par souci d'assurer l'uniformité des normes en matière d'emploi sur le plan international, d'élaborer, dans la mesure du possible, des normes, des méthodes et des dispositions communes en matière de gestion du personnel, afin d'éviter des différences injustifiées dans les conditions d'emploi et de faciliter les échanges de personnel pour bénéficier au maximum de leurs services.

2.　À cette fin, l'Organisation des Nations Unies et l'Autorité conviennent :

a)　De se consulter de temps à autre sur les questions d'intérêt commun concernant les clauses et conditions d'emploi du personnel, afin de les uniformiser dans toute la mesure du possible;

b)　De procéder, lorsqu'elles le jugent souhaitable, à des échanges de personnel à titre temporaire ou permanent, en veillant au respect des droits acquis par l'ancienneté et des droits à pension;

c)　De coopérer à la création et au fonctionnement d'un mécanisme approprié de règlement des différends en matière d'emploi et des différends portant sur des questions connexes.

3.　En application de la décision ISBA/A/15 de l'Assemblée de l'Autorité, en date du 15 août 1996, et sous réserve de l'approbation de l'Assemblée générale des Nations Unies, l'Autorité sera affiliée à la Caisse commune des pensions du personnel des Nations Unies conformément aux statuts de la Caisse et reconnaîtra la compétence du Tribunal administratif des Nations Unies pour toute plainte relative au non-respect de ces statuts.

4.   Les conditions auxquelles l'Organisation des Nations Unies et l'Autorité s'accordent l'une à l'autre des facilités ou se rendent mutuellement des services au sens du présent article font l'objet, le cas échéant, d'accords subsidiaires spéciaux.

Services de conférence

Article 12

1.   À moins que l'Assemblée générale des Nations Unies, après avoir prévenu l'Autorité suffisamment à l'avance, n'en décide autrement, l'Organisation des Nations Unies mettra à la disposition de l'Autorité, moyennant remboursement, les facilités et services nécessaires à la tenue de ses réunions, y compris des services de traduction et d'interprétation, et des services de documentation et de conférence.
2.   Les conditions auxquelles l'Organisation des Nations Unies et l'Autorité s'accordent l'une à l'autre des facilités ou se rendent mutuellement des services au sens du présent article font l'objet, le cas échéant, d'accords distincts spéciaux.

Questions budgétaires et financières

Article 13

L'Autorité convient qu'il est souhaitable qu'une étroite coopération s'instaure entre elle-même et l'Organisation des Nations Unies dans les domaines budgétaire et financier, afin de lui permettre de profiter de l'expérience acquise par l'Organisation dans ces domaines.

Financement des services spéciaux

Article 14

L'Autorité et l'Organisation des Nations Unies conviennent de modalités distinctes pour le financement des charges et dépenses afférentes à la prestation des services prévus par le présent Accord.

Laissez-Passer des Nations Unies

Article 15

Sans préjudice du droit de l'Autorité de délivrer ses propres documents de voyage, les fonctionnaires de l'Autorité ont le droit, conformément aux accords spéciaux conclus par le Secrétaire général de l'Organisation des Nations Unies et le Secrétaire général de l'Autorité, d'utiliser le laissez-passer des Nations Unies comme document de voyage valable aux fins convenues par les États parties au Protocole relatif aux privilèges et immunités de l'Autorité.

Exécution de l'Accord

Article 16

Le Secrétaire général de l'Organisation des Nations Unies et le Secrétaire général de l'Autorité peuvent conclure, en vue de l'exécution du présent Accord, tous arrangements jugés souhaitables.

Modifications

Article 17

L'Organisation des Nations Unies et l'Autorité peuvent convenir de modifier le présent Accord. Toute modification convenue entre les Parties entrera en vigueur dès qu'elle aura été approuvée par l'Assemblée générale de l'Organisation des Nations Unies et par l'Assemblée de l'Autorité.

Entrée en vigueur

Article 18

1. Le présent Accord entrera en vigueur dès qu'il aura été approuvé par l'Assemblée générale de l'Organisation des Nations Unies et par l'Assemblée de l'Autorité.

2. Le présent Accord sera appliqué provisoirement par l'Organisation des Nations Unies et par l'Autorité dès qu'il aura été signé par le Secrétaire général de l'Organisation des Nations Unies et par le Secrétaire général de l'Autorité.

DÉCISION DE L'ASSEMBLÉE RELATIVE À L'ACCORD SUR LES RELATIONS ENTRE L'ORGANISATION DES NATIONS UNIES ET L'AUTORITÉ INTERNATIONALE DES FONDS MARINS

L'Assemblée de l'Autorité internationale des fonds marins,

Agissant sur la recommandation du Conseil[1],

Ayant examiné, à sa 45ᵉ séance, le 27 mars 1997, l'Accord sur les relations entre l'Organisation des Nations Unies et l'Autorité internationale des fonds marins[2],

Approuve l'Accord.

45ᵉ séance
27 mars 1997

---

[1] ISBA/3/C/4.
[2] ISBA/3/A/L.2.

RÉSOLUTION ADOPTÉE PAR L'ASSEMBLÉE GÉNÉRALE

[sans renvoi à une grande commission (A/52/L.27 et Add.1)]

52/27. ACCORD SUR LES RELATIONS ENTRE L'ORGANISATION DES NATIONS UNIES ET L'AUTORITÉ INTERNATIONALE DES FONDS MARINS

L'Assemblée générale,

Rappelant sa résolution 51/34 du 9 décembre 1996, dans laquelle elle invitait notamment le Secrétaire général à prendre des mesures pour conclure un accord régissant les relations avec l'Autorité internationale des fonds marins, qui serait provisoirement appliqué en attendant que l'Assemblée générale et l'Assemblée de l'Autorité l'approuvent,

Notant que l'Assemblée de l'Autorité internationale des fonds marins, à sa troisième session[1], a décidé d'approuver l'Accord sur les relations entre l'Organisation des Nations Unies et l'Autorité internationale des fonds marins, signé le 14 mars 1997 par le Secrétaire général de l'Organisation des Nations Unies et le Secrétaire général de l'Autorité internationale des fonds marins,

Ayant examiné l'Accord sur les relations entre l'Organisation des Nations Unies et l'Autorité internationale des fonds marins[2],

Approuve l'Accord qui figure en annexe à la présente résolution.

57ᵉ séance plénière
26 novembre 1997

(Annexe non reproduite)

---

[1]   ISBA/3/A/3.
[2]   A/52/260, annexe.

COMMENTAIRE

En 1996, à la deuxième session de l'Autorité, le Conseil a prié le Secrétaire général de négocier avec le Secrétaire général de l'Organisation des Nations Unies un accord sur les relations entre l'Autorité et l'Organisation, sur la base d'un projet élaboré par la Commission préparatoire (document LOS/PCN/WP.50/Rev.3). De son côté, l'Assemblée générale a fait une demande analogue au cours de la même année (A/RES/51/34). Des négociations à ce sujet se sont tenues en janvier 1997. L'Accord a été négocié et signé le 14 mars 1997 à New York par le Secrétaire général de l'Organisation et par le Secrétaire général de l'Autorité. En vertu de ses dispositions, l'Accord devait être appliqué à titre provisoire par l'Organisation des Nations Unies et l'Autorité dès sa signature par les Secrétaires généraux et entrer en vigueur lorsqu'il aurait été approuvé par l'Assemblée générale des Nations Unies et par l'Assemblée de l'Autorité. À sa 12ᵉ séance, le 20 mars 1997, le Conseil a approuvé cet accord; il a pris acte de sa signature et de son application à titre provisoire et a recommandé à l'Assemblée de l'approuver. À la suite de cette recommandation (figurant dans le document ISBA/3/C/4), l'Accord a été approuvé par l'Assemblée de l'Autorité à sa 45ᵉ séance le 27 mars 1997 (ISBA/3/A/3 et ISBA/3/A/L.4, para. 10). Il a été approuvé également par l'Assemblée générale des Nations Unies à la 57ᵉ séance plénière de sa cinquante-deuxième session, dans sa résolution 52/27 datée du 26 novembre 1997, et est entré en vigueur à cette date.

L'Accord prévoit l'établissement d'une coopération étroite entre les secrétariats des deux organisations afin de coordonner leurs activités et d'éviter les doubles emplois. Cette coopération portera notamment sur les questions de personnel.

Le paragraphe 3 de l'article 11 de l'Accord sur les relations entre l'Organisation des Nations Unies et l'Autorité internationale des fonds marins prévoit l'affiliation de l'Autorité à la Caisse commune des pensions du personnel des Nations Unies et la reconnaissance de la compétence du Tribunal administratif des Nations Unies pour toute plainte relative au non-respect des Statuts de la Caisse. Cela nécessitait l'application de plusieurs mesures administratives. À sa seconde session, tenue en août 1996, l'Assemblée, prenant note de la recommandation de la Commission préparatoire, avait décidé qu'il serait dans l'intérêt de l'Autorité de devenir un membre de la Caisse et prié le Secrétaire général de prendre des mesures à cet effet. À sa cent quatre-vingtième réunion, tenue en juillet 1997, le Comité permanent du Comité mixte de la Caisse a décidé, au nom du Comité mixte, de recommander à l'Assemblée générale de l'Organisation des Nations Unies que l'Autorité soit admise à participer à la Caisse. Par sa décision 52/458 du 22 décembre 1997, l'Assemblée générale a décidé d'admettre l'affiliation de l'Autorité à la Caisse, avec effet à compter du 1er janvier 1998. En application des Statuts de la Caisse, le 18 juin 1998, le Secrétaire général a conclu entre la Caisse et l'Autorité un accord fixant les conditions de cette affiliation. À la même date, l'Autorité et l'Organisation des Nations Unies ont également conclu un accord spécial élargissant la compétence du Tribunal administratif des Nations Unies à l'Autorité pour toute plainte déposée par des fonctionnaires de l'Autorité pour non-respect des Statuts de la Caisse.

Afin de donner effet à l'alinéa c) du paragraphe 2 de l'article 11 de l'accord régissant leurs relations, l'Organisation des Nations Unies et l'Autorité ont conclu par échange de lettres le 13 mars 2003 un accord sur la compétence du Tribunal administratif des Nations Unies pour connaître en appel des différends portant sur des questions concernant l'emploi de membres du personnel de l'Autorité, ainsi que sur des questions connexes. L'abolition, avec effet à compter du 31 décembre 2009, du Tribunal administratif des Nations Unies dans le cadre de la réforme de l'administration de la justice à l'Organisation des Nations Unies, a rendu nécessaire la conclusion, entre l'ONU et l'Autorité, d'un nouvel accord étendant à celle-ci la compétence du Tribunal d'appel des Nations Unies pour connaître des mêmes questions. Le texte de cet accord est contenu dans l'annexe du document ISBA/16/C/4.

Comme le prévoit l'alinéa b) du paragraphe 2 de l'article 11 de l'accord régissant les relations entre les deux organisations, l'Autorité est devenue le 26 février 2001 partie à l'Accord interorganisations relatif aux mutations, détachements ou prêts de fonctionnaires entre organisations appliquant le régime commun des Nations Unies en matière de traitement et indemnités (« l'Accord interorganisations »). Cet acte a été dûment enregistré le 13 juin 2003, sous la cote B-938, par la Section des traités du Bureau des affaires juridiques de l'Organisation des Nations Unies. L'Accord interorganisations, qui est géré par le Conseil des chefs de secrétariat des organismes des Nations Unies pour la coordination, a pour objet de faciliter les échanges de fonctionnaires entre l'Organisation des Nations Unies, les institutions spécialisées et les autres organisations intergouvernementales qui appliquent le régime commun des Nations Unies en matière de traitement et indemnités, en définissant, d'une part, les droits et obligations des fonctionnaires faisant l'objet de mutations, détachements ou prêts d'une organisation à l'autre et, d'autre part, les droits et responsabilités des deux organisations.

L'Accord régissant les relations entre les deux organisations prévoit également des mécanismes de représentation réciproque aux réunions, compte tenu du statut d'observateur auprès de l'Assemblée générale de l'Organisation des Nations Unies dont est doté l'Autorité.

L'Accord régissant les relations entre les deux organisations prévoit la mise en place de dispositifs qui permettront à l'Autorité et à l'Organisation d'échanger des informations et de s'acquitter de leurs fonctions respectives, conformément à la Convention de 1982. En particulier, aux termes de l'article 12, à moins que l'Assemblée générale, après avoir prévenu l'Autorité suffisamment à l'avance, n'en décide autrement, l'Organisation des Nations Unies mettra à la disposition de l'Autorité, moyennant remboursement, les facilités et services nécessaires à la tenue de ses réunions, y compris des services de traduction et d'interprétation, et des services de documentation et de conférence.

Un accord analogue intitulé « Accord sur la coopération et les relations entre l'Organisation des Nations Unies et le Tribunal international du droit de la mer », qui prévoit l'établissement d'un mécanisme de coopération entre les deux institutions, a été signé le 18 décembre 1997 à New York par le Secrétaire général de l'Organisation des Nations Unies et par le Président du Tribunal international du droit de la mer. En vertu de ses dispositions, cet accord sera appliqué à titre provisoire par l'Organisation des Nations Unies et le Tribunal international du droit de la mer à compter de la date de sa signature et entrera en vigueur lorsqu'il aura été approuvé par l'Assemblée générale des Nations Unies et par le Tribunal international. Le Tribunal international a entériné l'Accord le 12 mars 1998 à sa cinquième session. Le 8 septembre 1998, l'Accord a été adopté par l'Assemblée générale dans une résolution (A/RES/52/251) et est entré en vigueur le jour même.

DOCUMENTATION

- COMMISION PRÉPARATOIRE

LOS/PCN/WP.50/Rev.3, Version finale du projet d'Accord sur les relations entre l'Organisation des Nations Unies et l'Autorité internationale des fonds marins, reproduit dans : LOS/PCN/153, Vol. V, pp. 135-141.

- AIFM

ISBA/A/15*, Décision de l'Assemblée touchant la participation de l'Autorité internationale des fonds marins à la Caisse commune des pensions du personnel des Nations Unies, (*Sélection de décisions 1/2/3*, 31-32).

ISBA/A/L.11, Projet de décision de l'Assemblée touchant la participation de l'Autorité internationale des fonds marins à la Caisse commune des pensions du personnel des Nations Unies.

ISBA/A/L.13, Déclaration faite par le Président concernant les travaux de l'Assemblée lors de la reprise de la deuxième session, para. 18, (*Sélection de décisions 1/2/3*, 35).

ISBA/3/A/3, Décision de l'Assemblée relative à l'Accord sur les relations entre l'Organisation des Nations Unies et l'Autorité internationale des fonds marins, (*Sélection de décisions 1/2/3*, 47).

ISBA/3/A/4, Rapport du Secrétaire général de l'Autorité internationale des fonds marins présenté en application de l'article 166, paragraphe 4, de la Convention des Nations Unies sur le droit de la mer, paras. 13 et 20-21, (*Sélection de décisions 1/2/3*, 52 et 54-55).

ISBA/3/A/L.2, Accord sur les relations entre l'Organisation des Nations Unies et l'Autorité internationale des fonds marins.

ISBA/3/A/L.4, Déclaration du Président sur les travaux de l'Assemblée au cours de la troisième session, paras. 1 et 10, (*Sélection de décisions 1/2/3*, 47 et 49).

ISBA/4/A/11, Rapport du Secrétaire général de l'Autorité internationale des fonds marins présenté en application de l'article 166, paragraphe 4, de la Convention des Nations Unies sur le droit de la mer, paras. 13 et 26, (*Sélection de décisions 4*, 55 et 57).

ISBA/10/A/3, Rapport du Secrétaire général de l'Autorité internationale des fonds marins présenté en application du paragraphe 4 de l'article 166 de la Convention des Nations Unies sur le droit de la mer, paras. 47, 50 et 53, (*Sélection de décisions 10*, 23-24).

ISBA/C/10, Décision du Conseil de l'Autorité internationale des fonds marins concernant l'Accord sur les relations entre l'Autorité internationale des fonds marins et l'Organisation des Nations Unies (*Sélection de décisions 1/2/3*, 39-40).

ISBA/C/L.3, Déclaration du Président par intérim provisoire sur les travaux du Conseil pendant la reprise de la deuxième session, para. 11, (*Sélection de décisions 1/2/3*, 43).

ISBA/3/C/4, Recommandation du Conseil concernant l'Accord sur les relations entre l'Organisation des Nations Unies et l'Autorité internationale des fonds marins.

ISBA/3/C/L.2, Accord sur les relations entre l'Autorité internationale des fonds marins et l'Organisation des Nations Unies.

ISBA/3/C/L.4, Déclaration du Président sur les travaux du Conseil pendant la troisième session, para. 9, (*Sélection de décisions 1/2/3*, 71).

ISBA/16/C/4, Amendements à apporter au Statut du personnel de l'Autorité internationale des fonds marins, (*Sélection de décisions 16*, 97-103).

ISBA/16/C/14*, Déclaration du Président du Conseil de l'Autorité internationale des fonds marins sur les travaux du Conseil à la seizième session, para. 15, (*Sélection de décisions 16*, 128).

- ORGANISATION DES NATIONS UNIES

A/RES/51/34, Droit de la mer.

A/RES/52/27, Accord sur les relations entre l'Organisation des Nations Unies et l'Autorité internationale des fonds marins.

Nations Unies, *Recueil des Traités*, Vol. 2217, B-938.

RELATIONS AVEC D'AUTRES ORGANISATIONS INTERNATIONALES

MÉMORANDUM D'ACCORD ENTRE LA COMMISSION OCÉANOGRAPHIQUE INTERGOUVERNEMENTALE DE L'UNESCO ET L'AUTORITÉ INTERNATIONALE DES FONDS MARINS

Ce mémorandum d'accord précise l'étendue de la coopération à instaurer entre la Commission océanographique intergouvernementale de l'Organisation des Nations Unies pour l'éducation, la science et la culture (ci-après dénommée « la COI ») et l'Autorité internationale des fonds marins (ci-après dénommée « l'Autorité ») pour promouvoir la conception et l'exécution de recherches scientifiques marines dans la zone internationale ainsi que la publication et la diffusion des résultats de leurs recherches et analyses en vue d'avantages réciproques pour les États membres, conformément aux dispositions pertinentes de la Convention des Nations Unies sur le droit de la mer du 10 décembre 1982 (ci-après dénommée « la Convention »), en particulier des articles 143, 163 13) et 169 ainsi qu'à la section 1 5) h) de l'Accord relatif à l'application de la partie XI de la Convention adopté le 28 juillet 1994 par l'Assemblée générale des Nations Unies dans sa résolution 48/263 (ci-après dénommé « l'Accord »).

LA COI ET L'AUTORITÉ SONT CONVENUES :

1. De se consulter, s'il y a lieu, sur des sujets d'intérêt commun dans le domaine de la recherche scientifique marine, des services connexes et du renforcement des capacités afin de faire mieux connaître les activités menées dans la zone internationale des fonds marins;

2. De collaborer étroitement, s'il y a lieu, dans le domaine des services océaniques, notamment pour recueillir des données et informations relatives à l'environnement. À cet effet, les centres mondiaux de données du Programme COI-IODE pourront aider l'Autorité à déterminer les lacunes, à recueillir les données nécessaires et à mettre au point une base de données qui servira aux travaux d'analyse et de synthèse;

3. D'inviter les représentants de chacune des parties à assister et à participer en tant qu'observateurs aux réunions de leurs organes directeurs respectifs, conformément au règlement intérieur desdits organes;

4. D'échanger des données et des informations, s'il y a lieu, sur des sujets d'intérêt commun;

5. De mener, s'il y a lieu, des études conjointes et d'organiser ensemble des séminaires;

6. Que le présent Mémorandum d'accord ne préjuge pas des accords conclus par chacune des parties avec d'autres organisations et programmes;

7. Que cette coopération entre les deux organisations ne doit pas nuire à l'obligation de confidentialité imposée par la Convention selon laquelle l'Autorité doit s'abstenir de communiquer les données qui lui sont fournies par des demandeurs de contrat et des contractants souhaitant explorer les ressources de la zone internationale;

8. Que ce mémorandum d'accord entrera en vigueur à compter de sa signature par le Secrétaire exécutif de la COI et par le Secrétaire général de l'Autorité. Il pourra être résilié par l'une des parties au moyen d'une notification écrite qui doit parvenir à l'autre partie six mois avant la date de résiliation proposée;

EN FOI DE QUOI, les soussignés ont signé le présent Mémorandum d'accord en deux exemplaires.

Le Secrétaire exécutif
de la Commission océanographique
internationale
(Signé) Patricio BERNAL
Date : le 7 juillet 2000

Le Secrétaire général
de l'Autorité internationale des
fonds marins
(Signé) Satya N. NANDAN
Date : le 5 mai 2000

COMMENTAIRE

En mai 2000, le Secrétaire général de l'Autorité et le Secrétaire exécutif de la Commission océanographique intergouvernementale (COI/UNESCO) ont signé un Mémorandum d'accord concernant la coopération entre les deux organisations en vue de promouvoir les recherches scientifiques marines dans la zone internationale des fonds marins. Aux termes de ce Mémorandum, les deux organisations se consulteront, s'il y a lieu, sur des sujets d'intérêt commun dans le domaine de la recherche marine et coopéreront pour recueillir des données et informations sur l'environnement.

DOCUMENTATION

- AIFM

ISBA/6/A/9, Rapport du Secrétaire général de l'Autorité internationale des fonds marins présenté en application de l'article 166, paragraphe 4, de la Convention des Nations Unies sur le droit de la mer, para. 13, (*Sélection de décisions 6*, 15).

MÉMORANDUM D'ACCORD ENTRE LA COMMISSION POUR LA PROTECTION DU MILIEU MARIN DE L'ATLANTIQUE DU NORD-EST ET L'AUTORITÉ INTERNATIONALE DES FONDS MARINS

Le présent mémorandum d'accord précise l'étendue de la coopération à instaurer entre la Commission créée par la Convention pour la protection du milieu marin de l'Atlantique du Nord-Est (Convention OSPAR) qui a été signée à Paris le 22 septembre 1992 (ci-après dénommée « la Commission OSPAR ») et l'Autorité internationale des fonds marins (ci-après dénommée « l'Autorité ») créée par la Convention des Nations Unies sur le droit de la mer (« la Convention ») qui a été signée à Montego Bay le 10 décembre 1982.

ATTENDU QUE :

La Commission OSPAR a pris des initiatives pour créer un réseau d'aires marines protégées en vue de préserver la biodiversité dans les zones situées hors des juridictions nationales dans le cadre des obligations qui lui incombent en vertu de la Convention OSPAR et de son annexe V;

En remplissant ses obligations, la Commission OSPAR s'attache à coopérer, s'il y a lieu, avec les organisations régionales et internationales compétentes et d'autres organismes compétents;

La Commission OSPAR a publié un Code de conduite pour une recherche scientifique responsable en haute mer/eaux profondes de la zone maritime OSPAR;

L'Autorité est l'organisation compétente par l'intermédiaire de laquelle les États parties à la Convention organisent et contrôlent les activités menées dans la Zone (telle que définie au premier alinéa du paragraphe 1 de l'article 1 de la Convention), notamment aux fins de l'administration des ressources minérales de celle-ci, conformément aux dispositions de la partie XI de la Convention et de l'Accord relatif à l'application de la partie XI de la Convention adopté le 28 juillet 1994 par l'Assemblée générale des Nations Unies dans sa résolution 48/263 (« l'Accord de 1994 »);

L'Autorité promeut et encourage, conformément à l'article 143 de la Convention et à l'alinéa h) du paragraphe 5 de la section 1 de l'Accord de 1994, la conduite de la recherche scientifique marine relative aux activités menées dans la Zone ainsi que la collecte et la diffusion des résultats des recherches et analyses, lorsqu'ils sont disponibles, en mettant l'accent en particulier sur les recherches touchant l'impact sur l'environnement des activités menées dans la Zone;

L'Autorité est habilitée à prendre les mesures nécessaires pour protéger efficacement le milieu marin des effets nocifs que pourraient avoir les activités menées dans la Zone, comme il est énoncé à l'article 145 de la Convention et à l'alinéa g) du paragraphe 5) de la section 1 de l'Accord de 1994;

L'Autorité cherche à engager des consultations et à coopérer avec, entre autres, des organisations internationales spécialisées dans des domaines relevant de sa compétence;

Toutes les parties à la Convention OSPAR sont membres de l'Autorité;

Dans les domaines où les termes « zone maritime », tels que définis à l'alinéa a) de l'article 1 de la Convention OSPAR, et « Zone », tel que défini à l'alinéa 1) du paragraphe 1 de l'article 1 de la Convention, se recoupent, les compétences de la Commission OSPAR et de l'Autorité se complètent. Cette compétence doit être exercée conformément aux principes régissant la Zone, de la manière prévue à la section 2 de la Partie XI de la Convention;

La Commission OSPAR et l'Autorité sont toutes deux fortement intéressées par la protection du milieu marin, notamment des écosystèmes vulnérables d'eaux profondes se trouvant dans la Zone qui sont associés à des ressources minérales, et elles ont pris des initiatives au niveau régional à cet égard, la première dans la Zone de fracture Charlie Gibbs, sur la dorsale médio-atlantique, et la seconde dans la Zone de fracture Clarion Clipperton, dans l'océan Pacifique;

L'intensification de la coopération entre la Commission OSPAR et l'Autorité aidera à ce que les mesures visant à concilier le développement des ressources minérales et la protection complète du milieu marin soient bien coordonnées;

La concertation contribuera à garantir que la création des zones maritimes protégées prend dûment en compte les droits et devoirs des États et de l'Autorité tels qu'ils sont exposés dans la Convention et dans l'Accord de 1994.

LA COMMISSION OSPAR ET L'AUTORITÉ ONT DÉCIDÉ :

1.   De se consulter, s'il y a lieu, sur des sujets d'intérêt commun, afin que chacune comprenne mieux ce que fait l'autre en la matière et qu'elles se coordonnent mieux;

2.   D'encourager la recherche scientifique dans les zones maritimes de l'Atlantique Nord-Est situées au-delà des limites des juridictions nationales, afin qu'elle contribue, en se fondant sur les meilleures informations scientifiques disponibles et dans le respect du principe de précaution et des approches écosystémiques, aux évaluations en cours de :

  i)   La répartition, l'abondance et l'état des habitats vulnérables d'eaux profondes;
  ii) L'état des populations d'espèces marines;
  iii) L'efficacité des mesures visant à préserver la biodiversité marine dans des zones situées au-delà des limites de la juridiction nationale dans l'Atlantique Nord-Est;

3.   De coopérer, le cas échéant, dans la collecte de données et d'informations sur l'environnement et, dans la mesure du possible, d'échanger des données et des informations normalisées, notamment en ce qui concerne les comptes rendus de réunions les intéressant toutes les deux;

4.   Éventuellement, d'inviter des représentants de l'une à assister et participer à des réunions de l'organe directeur de l'autre, en qualité d'observateurs et conformément aux statuts de ces organes;

5.   De réaliser ensemble, le cas échéant, des études et des séminaires;

6.   Que le présent mémorandum d'accord s'entend sans préjudice des accords conclus par l'un ou l'autre des signataires avec d'autres organisations et programmes;

7.   Que leur coopération tombe sous le coup de la confidentialité des données et des informations imposée à l'Autorité par la Convention en ce qui concerne les données et informations soumises par les demandeurs et les titulaires d'une autorisation d'exploration des ressources de la Zone;

8.   Que le présent mémorandum d'accord prendra effet lorsqu'il aura été signé par le Président de la Commission OSPAR et le Secrétaire général de l'Autorité. Il pourra être résilié par l'un ou l'autre des signataires, sous préavis de six mois, avant la date de résiliation proposée.

EN FOI DE QUOI les soussignés ont signé le présent mémorandum d'accord en deux exemplaires.

(Signé)
Le Président de la
Commission OSPAR
Date : 20 juin 2011

(Signé)
Secrétaire général de l'Autorité
internationale des fonds marins
Date : 26 mai 2011

COMMENTAIRE

En 2008, le secrétariat de la Commission OSPAR, établie par la Convention pour la protection du milieu marin dans l'Atlantique Nord-Est (Convention OSPAR)[1], a pris contact avec le secrétariat de l'Autorité au sujet d'une proposition soumise à la Commission visant la création

---

[1]   La Commission OSPAR a pour mandat de surveiller l'application de son acte constitutif. Les Parties contractantes à la Convention OSPAR sont l'Allemagne, la Belgique, le Danemark, l'Espagne, la Finlande, la France, l'Irlande, l'Islande, le Luxembourg, la Norvège, les Pays-Bas, le Portugal, le Royaume-Uni, la Suède, la Suisse et l'Union européenne. Les 16 Parties contractantes à la Convention sont également membres de l'Autorité.

d'une aire marine protégée dans la Zone de fracture Charlie Gibbs, située sur la dorsale médio-atlantique, au-delà des limites de la juridiction nationale mais dans la zone couverte par la Convention OSPAR. En septembre 2008, une réunion informelle a eu lieu entre les secrétariats de la Commission OSPAR, de l'Autorité et de la Commission des pêches de l'Atlantique du Nord-Est, à laquelle il a été convenu que, compte tenu du chevauchement des compétences et des mandats des organisations concernées, et en particulier du mandat de l'Autorité concernant les fonds marins au-delà des limites de la juridiction nationale dans la zone relevant de la Convention OSPAR, il fallait nouer un dialogue afin de garantir que les zones marines protégées soient créées compte dûment tenu des droits et devoirs des États tels qu'ils sont exposés dans la Convention de 1982 et dans l'Accord de 1994, et dans le plein respect de la compétence dévolue à l'Autorité pour gérer les activités dans la Zone. À leur réunion des 11 et 12 novembre 2008, les chefs de délégation OSPAR ont reconnu que le mandat de l'Autorité donnait à celle-ci compétence pour réglementer l'exploitation minière des grands fonds marins; ils ont également appuyé une proposition tendant à ce que soit conclu par la Commission OSPAR et l'Autorité un mémorandum d'accord pour assurer la coordination voulue des mesures prises par les deux organisations.

À la quinzième session de l'Autorité en 2009, au cours du débat consacré au rapport annuel du Secrétaire général de l'Autorité, l'Assemblée s'est félicitée de l'initiative tendant à resserrer les relations entre la Commission OSPAR et l'Autorité, estimant qu'elle constituait un progrès notable pour l'Autorité et ses membres. Elle a également prié le Secrétaire général de poursuivre le dialogue avec le Secrétaire exécutif de la Commission OSPAR afin d'élaborer le libellé d'un mémorandum d'accord entre la Commission et l'Autorité.

À la suite d'entretiens complémentaires entre les secrétariats des deux organisations à propos du libellé d'un mémorandum d'accord, un projet établi par l'Autorité a été communiqué aux Parties contractantes à la Convention OSPAR, conformément aux procédures de l'Organisation, et examiné plus avant à la réunion des chefs de délégation de la Commission OSPAR, tenue le 17 février 2010. Sous réserve de modifications rédactionnelles, les chefs de délégation sont convenus que le projet de mémorandum d'accord serait présenté à l'Autorité pour approbation à la seizième session.

Durant la seizième session, à sa cent vingt-cinquième réunion, tenue le 27 avril 2010, l'Assemblée de l'Autorité a pris note du texte du mémorandum d'accord (ISBA/16/A/INF/2, annexe), qu'elle a approuvé. L'Assemblée a également examiné la demande de statut d'observateur présentée par la Commission OSPAR; elle a décidé de convier celle-ci à participer à ses travaux en qualité d'observateur, conformément à l'alinéa d) du paragraphe 1 de l'article 82 de son Règlement intérieur.

Une fois approuvé par l'Assemblée, le mémorandum a été soumis à l'approbation des chefs de délégation de la Commission OSPAR, lors de la réunion annuelle de la Commission qui s'est tenue à Bergen, en Norvège, du 20 au 24 septembre 2010. La Commission OSPAR a approuvé le mémorandum d'accord et décidé d'accorder réciproquement le statut d'observateur à l'Autorité. Le mémorandum d'accord a été signé par le Secrétaire général de l'Autorité et par le Président de la Commission OSPAR les 26 mai 2011 et 20 juin 2011, respectivement.

DOCUMENTATION

- AIFM

ISBA/15/A/2, Rapport du Secrétaire général de l'Autorité internationale des fonds marins présenté au titre de l'article 166, paragraphe 4, de la Convention des Nations Unies sur le droit de la mer, paras. 19-21, (*Sélection de décisions 15*, 4-5).

ISBA/15/A/9, Déclaration du Président de l'Assemblée de l'Autorité internationale des fonds marins sur les travaux de l'Assemblée à la quinzième session, para. 13, (*Sélection de décisions 15*, 34).

ISBA/16/A/INF.2, Demande de statut d'observateur présentée conformément à l'alinéa d) du paragraphe 1 de l'article 82 du Règlement intérieur de l'Assemblée pour le compte de la Commission OSPAR.

ISBA/16/A/2, Rapport du Secrétaire général de l'Autorité internationale des fonds marins présenté au titre de l'article 166, paragraphe 4, de la Convention des Nations Unies sur le droit de la mer, paras. 17-18 et 115, (*Sélection de décisions 16*, 4 et 31).

ISBA/16/A/13, Déclaration du Président de l'Assemblée de l'Autorité internationale des fonds marins sur les travaux de l'Assemblée à sa seizième session, para. 6, (*Sélection de décisions 16*, 76).

B – RELATIONS AVEC LES ORGANISATIONS NON-GOUVERNEMENTALES

MÉMORANDUM D'ACCORD ENTRE LE COMITÉ INTERNATIONAL DE PROTECTION DES CÂBLES ET L'AUTORITÉ INTERNATIONALE DES FONDS MARINS

L'objet du présent mémorandum d'accord est de préciser le champ d'application de la coopération entre le Comité international de protection des câbles (ci-après « le Comité ») et l'Autorité internationale des fonds marins (ci-après « l'Autorité »).

ATTENDU QUE :

Le Comité est une organisation représentant le secteur du câblage sous-marin, créée pour favoriser la sécurité et la protection des câbles sous-marins contre les risques anthropiques et naturels;

Les câbles sous-marins constituent une infrastructure vitale et la pose de câbles sous-marins est l'une des libertés de la haute mer aux termes des articles 87 et 112 à 115 de la Convention des Nations Unies sur le droit de la mer du 10 décembre 1982 (« la Convention »), chaque État exerçant ces libertés en tenant dûment compte des intérêts des autres États, ainsi que des droits reconnus par la Convention concernant les activités menées dans la Zone, définie à l'alinéa 1 du paragraphe 1 de l'article 1 de la Convention comme les fonds marins et leur sous-sol au-delà des limites de la juridiction nationale;

L'Autorité est l'organisation par l'intermédiaire de laquelle les États parties organisent et contrôlent les activités menées dans la Zone, notamment aux fins de l'administration des ressources minérales de celle-ci, conformément à la partie XI de la Convention et à l'Accord relatif à l'application de la partie XI de la Convention, adopté le 28 juillet 1994 par l'Assemblée générale des Nations Unies dans sa résolution 48/263;

Le Comité et l'Autorité s'intéressent tous deux vivement à la protection de l'environnement marin contre les effets négatifs des activités de leurs membres respectifs;

Une coopération accrue entre le Comité et l'Autorité aiderait à éviter les éventuels conflits entre la pose et l'entretien de câbles sous-marins et les activités actuelles et futures menées dans la Zone;

LE COMITÉ ET L'AUTORITÉ SONT CONVENUS :

1. De se consulter, lorsque cela est utile et possible, sur des questions d'intérêt commun en vue de favoriser ou d'améliorer la compréhension de leurs activités respectives;

2. D'inviter mutuellement leurs représentants à assister et à participer aux réunions de leurs organes directeurs respectifs en tant qu'observateurs, conformément au règlement intérieur de ces organes;

3. D'échanger lorsque cela est possible des informations sur le tracé des câbles et les zones de prospection et d'exploration ou d'en faciliter l'obtention directement auprès des propriétaires de réseaux internationaux de câbles, sous réserve du respect des clauses de confidentialité;

4. De coopérer, lorsque cela est utile et possible, aux fins de la collecte de données et d'informations sur l'environnement et, lorsque cela est possible, d'échanger des données et des informations normalisées;

5. D'organiser de concert, lorsque cela est utile, des études et des séminaires;

6. D'inviter mutuellement leurs représentants à participer aux réunions d'experts et ateliers les intéressant;

7. Que le présent mémorandum d'accord est sans préjudice des accords conclus par l'une ou l'autre partie avec d'autres organisations et programmes;

8. Que la coopération entre les deux organisations mentionnées dans le présent mémorandum est sujette aux exigences de confidentialité des données et informations imposées à l'Autorité par la Convention, l'Accord et les règles, règlements et procédures de l'Autorité concernant les données et informations qui lui sont communiquées par les demandeurs et les contractants au sujet d'activités d'exploration et d'exploitation dans la Zone, et imposées au Comité par ses règles et règlements ainsi que par ses membres, conformément aux dispositions desdits règles et règlements;

9. Que le présent mémorandum d'accord prendra effet dès sa signature par le Président du Comité et le Secrétaire général de l'Autorité. Chacune des parties peut dénoncer le présent mémorandum d'accord en adressant à l'autre un préavis écrit six mois avant la date de dénonciation proposée;

EN FOI DE QUOI les soussignés ont signé le présent mémorandum d'accord, en double exemplaire.

(Signé)   (Signé)
Président du Comité international   Secrétaire général de l'Autorité
de protection des câbles   internationale des fonds marins
25 février 2010   15 décembre 2009

COMMENTAIRE

Le Comité international de protection des câbles est l'organe représentant, au niveau mondial, le secteur des télécommunications et de la pose de câbles. Créé en 1958, il a pour mandat de fournir des conseils et des orientations en ce qui concerne les questions relatives à la planification, l'installation, le fonctionnement et l'entretien des câbles sous-marins, ainsi qu'à leur protection contre les risques anthropiques et naturels. Il offre aussi une tribune pour l'échange d'informations techniques et juridiques concernant les méthodes et programmes de protection des câbles sous-marins, notamment l'échange d'informations sur l'emplacement des câbles existants et l'emplacement proposé de nouveaux câbles.

Durant la quinzième session de l'Autorité, tenue en 2009, conformément à la pratique consistant à organiser des réunions techniques d'information à l'intention des représentants des membres de l'Autorité présents à Kingston au sujet des questions en rapport avec les activités du Conseil et de l'Assemblée, le Conseil a entendu un exposé sur les travaux du Comité international de protection des câbles, présenté par le Président de ce dernier. Au cours du débat qui a fait suite à cet exposé, les membres de l'Autorité ont relevé que, si la pose de câbles sous-marins était l'une des libertés de la haute mer, il était dans l'intérêt aussi bien de l'Autorité que des membres du Comité d'éviter tout risque de conflit entre la pose de câbles et les activités menées dans la Zone. Il a en outre été relevé que les deux organisations avaient tout intérêt à ce que le milieu marin soit à l'abri des incidences néfastes que pourraient avoir leurs activités respectives. Il a par conséquent été proposé que le Comité soit invité à participer aux travaux de l'Assemblée en qualité d'observateur, conformément à l'alinéa e) du paragraphe 1 de l'article 82 du Règlement intérieur de l'Assemblée.

À la suite de discussions supplémentaires entre le secrétariat de l'Autorité et le Comité, il a été jugé souhaitable de conclure un mémorandum d'accord énonçant le champ d'application et l'objet de la coopération entre les deux organismes. Le mémorandum a été signé par le Secrétaire général de l'Autorité et par le Président du Comité international de protection des câbles le 15 décembre 2009 et le 25 février 2010, respectivement.

Le mémorandum, ainsi que la demande de statut d'observateur présentée par le Comité, ont été soumis à l'Assemblée, pour approbation, à la seizième session. À sa cent vingt-cinquième réunion, tenue le 27 avril 2010, l'Assemblée a décidé d'inviter le Comité international de protection des câbles à participer à l'Assemblée en qualité d'observateur, conformément à l'alinéa e) du paragraphe 1 de l'article 82 de son

Règlement intérieur. L'Assemblée a également pris note du mémorandum d'accord signé entre le Comité et l'Autorité (ISBA/16/A/INF/1, annexe), qu'elle a approuvé.

DOCUMENTATION

- AIFM

ISBA/15/A/2, Rapport du Secrétaire général de l'Autorité internationale des fonds marins présenté au titre de l'article 166, paragraphe 4, de la Convention des Nations Unies sur le droit de la mer, para. 22, (*Sélection de décisions 15*, 5).

ISBA/15/A/9, Déclaration du Président de l'Assemblée de l'Autorité internationale des fonds marins sur les travaux de l'Assemblée à la quinzième session, para. 13, (*Sélection de décisions 15*, 34).

ISBA/16/A/INF.1, Demande d'octroi du statut d'observateur conformément à l'alinéa e) du paragraphe 1 de l'article 82 du Règlement intérieur de l'Assemblée, présentée au nom du Comité international de protection des câbles.

ISBA/16/A/2, Rapport du Secrétaire général de l'Autorité internationale des fonds marins présenté au titre de l'article 166, paragraphe 4, de la Convention des Nations Unies sur le droit de la mer, paras. 19-21, (*Sélection de décisions 16*, 4-5).

ISBA/16/A/13, Déclaration du Président de l'Assemblée de l'Autorité internationale des fonds marins sur les travaux de l'Assemblée à sa seizième session, para. 6, (*Sélection de décisions 16*, 88).